Albrecht Busch
Worauf Sie sich verlassen können

Albrecht Busch

Worauf Sie sich verlassen können

Sieben Schritte im Glauben

Aussaat

ABCteam-Bücher erscheinen in folgenden Verlagen:
Aussaat Verlag Neukirchen-Vluyn
R. Brockhaus Verlag Wuppertal und Zürich
Brunnen Verlag Gießen (und Brunnquell-Verlag)
Christliches Verlagshaus Stuttgart
(und Evangelischer Missionsverlag)
Oncken Verlag Wuppertal und Kassel

Titelgestaltung: Meussen/Künert, Essen
Satz: DTP/Aussaat
Druck: Breklumer Druckerei Manfred Siegel KG
Printed in Germany
ISBN 3-7615-3460-4
Bestellnummer 113 460

INHALT

Vorwort

Drei Fragen sind es, die den Menschen in der Tiefe bewegen:
Woher komme ich? Wohin gehe ich? Wozu bin ich da?
Die Sehnsucht nach einer verläßlichen Antwort hält Menschen in einer ständigen Suchbewegung. Dieser Suchbewegung mit der Antwort Gottes zu begegnen, die in Jesus Christus Gestalt angenommen hat, ist Auftrag evangelistischer Predigt.
In Jesus finden Menschen zur Ruhe, worauf sie sich verlassen können!
Wenn die Bibel das Zur-Ruhe-Kommen Glauben nennt, so ist das kein einmaliger Schritt, sondern ein Weg, auf dem immer neue Absprachen mit Gott getroffen werden. Auf diesen Weg möchte das vorliegende Buch einladen.
Freunde haben mich ermutigt, Predigten zu veröffentlichen, die zu unterschiedlichen Zeiten und Situationen gehalten wurden. Sie werden hier in der überarbeiteten Form eines kleinen „Glaubenskurses" vorgelegt, der in allen thematischen Variationen das eine zum Ausdruck bringen möchte: „So sehr hat Gott die Welt geliebt, daß er seinen einzigen Sohn gab, damit alle, die an ihn glauben, nicht verlorengehen, sondern das ewige Leben haben."
Worauf Sie sich verlassen können!

Remscheid, im April 1993 — Albrecht Busch

EINS

Den Aufbruch wagen

Wir reden vom Glauben

Wir reden vom Glauben, wir fragen nach dem Glauben – doch was ist das eigentlich, Glauben?
Ich könnte jetzt schnell anfangen, tolle Sachen aufzulisten, was die Bibel über den Glauben sagt, aber ich habe den Eindruck: Das Wort „Glauben" ist wie ein Trümmerfeld. Jeder versteht darunter, was er möchte. Also sagt einer: „Ich glaube, daß morgen der Schornsteinfeger kommt." Da kann es sein, daß er kommt oder auch nicht – wer so glaubt, riskiert nichts. Ein anderer sagt: „Ich glaube an Gott, ich glaube an Jesus" – aber weil er „glauben" gebraucht wie „vielleicht", riskiert auch er nichts. Ein anderer gebraucht „glauben" wie einen Hammer – und erschlägt den andern mit Leistung und Forderung. Was meinen wir eigentlich, wenn wir sagen: Am Glauben entscheidet sich das Christsein?
Ich möchte mit Ihnen einige Schritte durch dieses Trümmerfeld von „Glauben" gehen, damit deutlich wird, wovon wir reden. Danach möchte ich Sie gerne mitnehmen in eine kleine biblische Geschichte. Dabei möchte ich Sie an die Hand nehmen und Jesus folgen, denn mit ihm finden wir in den Glauben.

1. Glauben hat nichts zu tun mit Leistung – aber mit Geschenk

Es gibt Leute, die sagen: „Wenn du glaubst, dann mußt du... mußt du... mußt du..." Und sie erdrücken den andern mit einem Leistungskatalog. Andere sagen: „Glauben, da mußt du überhaupt nichts tun, das kommt einfach so." Wer hat recht? Ist Glauben Leistung – oder ist es Geschenk? Was sagt denn die Bibel? Die Bibel sagt: Im Glauben passiert – bitte verzeihen Sie das schwere Wort – die Rechtfertigung des Sünders aus Gnaden. Was aber heißt das?
Wenn einer glaubt, dann sagt Gott ihm zu: Du bist okay, ich rechne dir nichts mehr an, aber das mußt du annehmen. – Woher weiß ich denn, daß ich okay bin vor Gott? Paulus sagt: „Gott erweist seine Liebe zu uns darin, daß Christus für uns gestorben ist, als wir noch Sünder waren" (Römer 5,8). Als wir überhaupt noch nicht daran dachten, daß wir ihm gehören könnten, da hat er Sie und mich okay gemacht!
Lassen Sie mich das in einem Bild sagen. Neulich habe ich einen guten Freund besucht, der zwischendurch bemerkte: „Guck mal, da drüben, da baut ein alter Mann ein Haus, seit Monaten. Er macht das fast ganz allein. Er will es seinen Kindern schenken." Immer wenn ich meinen Freund besuchte, sah ich, wie das Haus wuchs. Vor kurzem war ich wieder da, und das Haus war von einer jungen Familie bewohnt. Und dann erzählte mein Freund, was für ein Fest das war, als sie einzogen. Sie hatten vorher eine sehr kleine und enge Wohnung gehabt, und auf einmal hatten sie Platz, auf einmal hatten sie Raum, auf einmal hatten sie eine Bleibe, die ihnen gehörte, auf einmal hatten sie einen Ort, wo sie zu Hause waren, und sie hatten nichts dafür getan – mit einer Ausnahme: sie waren eingezogen.
Nun kann man natürlich streiten, ob das Einziehen eine Leistung ist. Es ist in jedem Fall eine totale Veränderung.

Aber daß sie Lebensraum bekommen haben, daß sie ein Zuhause bekamen, war reines Geschenk. So ist das mit dem Glauben. Er ist keine Leistung. Er ist Gottes Geschenk, und ein Geschenk kann ich nur annehmen, oder ich habe es nicht.

2. Glauben hat nichts zu tun mit Beweisen – aber mit Vertrauen

Viele Leute sagen: „Ich kann nicht glauben. Du kannst mir doch nichts beweisen." Da haben sie recht, da habe ich schlechte Karten. Ich kann überhaupt nichts beweisen. (Am Rande vermerkt muß ich aber auch sagen: Sie haben ebenfalls schlechte Karten. Sie können auch nicht beweisen, daß es Gott nicht gibt.) Was machen wir denn nun? Wer sagt, er könne nur glauben, was man ihm beweise, geht von falschen Voraussetzungen aus. Ja, ich behaupte, daß es niemanden gibt, gar niemanden, der nur akzeptiert, was man ihm beweisen kann. Denn wer wirklich so lebt, ist ein ganz armer Mensch. Er muß nämlich zwei Dinge aus seinem Leben streichen, zwei Dinge, die davon leben, daß sie weder bewiesen noch kontrolliert werden können: die Liebe und das Vertrauen.
Stellen Sie sich vor – und ich richte mich jetzt einmal ausschließlich an die Männer –, Sie entdecken, daß jeden Abend, wenn Sie nach Hause kommen, Ihre Frau den Kilometerstand Ihres Autos aufschreibt. Dann läßt sie sich von Ihnen erzählen, wo Sie waren, und dann kontrolliert sie, ob das auch stimmt. Können Sie sich vorstellen, wann das Vertrauen zu Ihrer Frau am Ende ist? Ich fürchte, schon sehr bald. Das Beispiel ist auch gar nicht aus der Luft gegriffen. Oft kann man ja erleben, daß in der Ehe plötzlich das Vertrauen schwindet. Und dann fängt man an, den anderen zu kontrollieren, hinterherzutelefonieren, Kilometer nachzurechnen, andere Leute zu fragen. Glauben Sie, das

Vertrauen könnte je wieder wachsen? Wo Sie anfangen zu kontrollieren, ist es damit vorbei.
„Nun gut“, sagt der eine, „aber bewiesen habe ich meiner Frau die Liebe immer. Ich bringe ihr zum Beispiel immer einen Blumenstrauß mit.“ Ich möchte nicht wissen, wie viele Blumensträuße gelogen sind. Nein, Liebe und Vertrauen leben davon, daß sie nicht kontrolliert werden, sondern geglaubt. Daß Ihre Frau, Ihr Mann Sie liebhat, können Sie nur glauben, oder Sie werden mit Ihrer Liebe scheitern. Und wenn ich sage: „Ich glaube an Gott, ich glaube an seinen Sohn Jesus Christus, ich vertraue dem Gekreuzigten“, dann hat das eben eine Menge mit diesen beiden Begriffen zu tun: Liebe und Vertrauen. Man kann beides nicht beweisen – sowohl Liebe als auch Vertrauen muß man wagen.

3. Glauben hat nichts zu tun mit Enge – aber mit Freiheit

Sie merken, das Trümmerfeld ist nicht klein. Da gibt es Leute, die sagen: „Ich? Fromm werden? Bin doch nicht verrückt!“ So sagt mir neulich ein junger Mann: „Fange ich an zu glauben, darf ich bald überhaupt nichts mehr. Wenn ich diesen frommen Mief da schon sehe! Ein Verbotsschild nach dem andern.“ – Ich will ja nicht bezweifeln, daß manche ihr Christsein in einer Weise leben, daß es für einen Außenstehenden alles andere als attraktiv wirkt, sich auf Jesus einzulassen. Das sieht so langweilig aus. Schlimm ist das, wenn unser eigenes Christsein, unser eigenes Glauben für unsere Kinder und unsere Nachbarn überhaupt nichts Einladendes hat, sondern eher etwas Abstoßendes. Nur, das ist es eben nicht – doch was ist es dann?
Es kommt der lebendige Gott und sagt: „Wenn ich dein Herr bin, kannst du alle andern Götzen vergessen. Wenn

ich der Herr, dein Gott bin, dann wirst du die Ehe nicht brechen. Du brauchst das nicht. Ich schenke dir den Partner, den du brauchst." – Wie viele könnten unter solchen Vorzeichen heute in Frieden leben, müßten ihre Eifersucht nicht pflegen und brauchten keine Sorge zu haben, daß jemand in ihre Ehe einbricht!
„Wenn ich der Herr, dein Gott bin, dann wirst du nicht mehr lügen müssen. Du kannst zur Wahrheit stehen." – Sie merken, mit der Einleitungsformel eröffnet Gott in seinen Geboten einen Freiraum nach dem andern. Wahrhaftig, wer sich auf diesen Gott einläßt, ist nicht betrogen. Er kommt nicht in die Enge. Ihm wird das Leben nicht genommen. Im Gegenteil: Gott eröffnet ihm das Leben und schenkt ihm voll ein. „Gutes und Barmherzigkeit werden mir folgen mein Leben lang." Glaube hat also nichts zu tun mit Enge, wohl aber eine Menge mit Freiheit, in die jedoch muß man auch gehen.

4. Glaube hat nichts zu tun mit Stimmungen – aber mit Verbindlichkeit

Lassen Sie mich noch einen letzten Satz sagen zum Trümmerfeld vom Glauben. In der Gemeinde kommt jemand auf mich zu und sagt: „Also, wissen Sie, Herr Busch, ich kann nicht glauben. Ich bin nicht so religiös veranlagt wie Sie." Was sage ich denn jetzt? Hat Glauben mit derlei Gefühlen zu tun? Es gibt ja auch die andere Seite, daß einer sagt: „Also, bei dieser großen Versammlung, da in dieser und jener Evangelisation, das war zum Abheben." War es das? Ein anderer ergänzt: „Und zu Hause war alles so nüchtern. Da kann ich gar nicht mehr glauben."
Wissen Sie, Christsein ist nicht immer Evangelisation. Wenn Glaube anfängt, dann ist das eher wie Verheiratetsein oder Nichtverheiratetsein. Ob ich verheiratet bin, hat doch nichts mit meiner Stimmung zu tun. Nun gut, ich hof-

fe – selbst wenn Sie die Silberhochzeit hinter sich haben –, daß Sie in Ihrer Ehe noch so richtig schöne Stimmungen erleben und richtig glücklich und verliebt sind. Aber wer die Silberhochzeit hinter sich hat, der weiß auch, daß es gelegentlich durch Tiefen geht und man es schwer hat miteinander. Nur, das ändert nichts daran, daß man verheiratet ist. Ehe hängt letztlich nicht an Stimmungen, sondern an einem verbindlichen Versprechen. – Wie finde ich in diese Verbindlichkeit des Glaubens?

5. Wenn Glaube beginnt

Und alsbald trieb Jesus seine Jünger, in das Boot zu steigen und vor ihm hinüberzufahren, bis er das Volk gehen ließe. Und als er das Volk hatte gehen lassen, stieg er allein auf einen Berg, um zu beten. Und am Abend war er dort allein.
Und das Boot war schon weit vom Land entfernt und kam in Not durch die Wellen; denn der Wind stand ihm entgegen. Aber in der vierten Nachtwache kam Jesus zu ihnen und ging auf dem See. Und als ihn die Jünger sahen auf dem See gehen, erschraken sie und riefen: Es ist ein Gespenst! und schrien vor Furcht. Aber sogleich redete Jesus mit ihnen und sprach: Seid getrost, ich bin's; fürchtet euch nicht!
Petrus aber antwortete ihm und sprach: Herr, bist du es, so befiehl mir, zu dir zu kommen auf dem Wasser. Und er sprach: Komm her! Und Petrus stieg aus dem Boot und ging auf dem Wasser und kam auf Jesus zu. Als er aber den starken Wind sah, erschrak er und begann zu sinken und schrie: Herr, hilf mir! Jesus aber streckte sogleich die Hand aus und ergriff ihn und sprach zu ihm: Du Kleingläubiger, warum hast du gezweifelt? Und sie traten in das Boot, und der Wind legte sich. Die aber im Boot waren, fielen vor ihm nieder und sprachen: Du bist wahrhaftig Gottes Sohn!

Matthäus 14,22-33

Unsere biblische Geschichte macht uns den Einstieg leicht. Jesus war müde. Eigentlich wollte er schlafen, doch er tat es nicht. Er sagte zu seinen Jüngern: „Steigt ins Boot und fahrt über den See. Ich muß auf den Berg zum Beten. Ich

brauche die Begegnung mit meinem Vater." Und sie fuhren.
Als Jesus auf dem Berg und die Jünger auf dem Meer sind, kommt der Sturm. Sie geraten in Not und fangen an zu schreien, weil sie denken: Der Herr hat uns verlassen, er ist weg. Kennen Sie das auch: die Panik, wenn ein Sturm kommt, und man möchte schreien: Wo bist du denn jetzt? Ich kann mir denken, daß Jesus eigentlich gelächelt hat, denn er war näher, als sie glaubten. Er ging auf dem Wasser neben ihnen her. Doch statt ihn zu erkennen, rufen sie: „Da ist ein Gespenst!" Sie rechnen gar nicht damit, daß er da ist. Und dann sagt er: „Fürchtet euch nicht! Seid getrost, ich bin's!"

Drei Schritte, die uns in den Glauben mitnehmen:

a) Die Stimme Jesu hören
Als ich einmal mit einer Konfirmandengruppe im Bergischen Land unterwegs war – weitab von der Autobahn, weitab von der nächsten Bahnlinie –, machten wir eine Nachtwanderung. Da sagte ich zu den Konfirmanden: „Seid doch mal einen Augenblick ruhig und hört die Stille!" Und dann waren wir einen kleinen Augenblick still, bis ein Mädchen schrie: „Sag doch einer was! Ich halte das nicht aus!"
Halten Sie eigentlich noch Stille aus? Ich habe den Eindruck, da muß immer etwas dudeln – ein Radio, ein Fernseher, irgendwas. „Ich halt's nicht aus!" Wer die Stille nicht mehr aushält, wird die Stimme Jesu nicht hören.
Woran erkennt man die Stimme Jesu? Unsere Geschichte zeigt drei eindeutige Merkmale:
- Jesus tröstet: „Seid getrost! Ihr könnt der Treue Gottes trauen. Ich bin nicht verschwunden."
- Er gibt sich zu erkennen: „Ich bin's."
- Er nimmt die Angst: „Fürchtet euch nicht!"

Jetzt hatten die Jünger die Stimme Jesu gehört. Petrus – immer schon ein bißchen keß, immer ein bißchen vorneweg – sagt: „Herr, wenn du's bist, dann laß mich zu dir übers Wasser kommen." Ich weiß ja nicht, was Petrus wirklich gedacht hat, aber Jesus nimmt die Herausforderung an und sagt: „Komm!" Und Petrus setzt den Fuß über die Bootskante, riskiert das Wort Jesu und entdeckt: das Wasser trägt.
„Glauben wagen" heißt, daß ich an *einer* Stelle dem Wort Gottes vertraue.

b) Jesu Wort riskieren

Gibt es ein Wort Jesu, das Sie schon mal wirklich riskiert haben? Es gibt so manche, die sich Christen nennen, im Grunde aber Doppelversicherer sind. Sie wollen zwar den Glauben, aber mit der andern Hand wollen sie auch selbst noch ein bißchen daran drehen. Wann endlich riskieren wir einmal das Wort Jesu und setzen unser Vertrauen ganz und allein auf ihn? Die Väter von Barmen in der Bekennenden Kirche haben in der ersten These gesagt: „Jesus Christus ist das eine Wort Gottes, dem ich im Leben und im Sterben zu vertrauen habe." Eine Versicherung, die darüber hinausgeht, haben wir nicht.
Nun ahne ich, wie manche unter Ihnen sagen: „Mann, hör' doch auf! Die Geschichte geht doch weiter. Petrus wäre doch fast ertrunken!" Ja, natürlich, das habe ich gelesen. Ich muß Ihnen aber auch sagen, wann genau das passiert ist. Zunächst hat er es riskiert, ist auf Jesu Wort gegangen, und das Wasser hat getragen. Weiter heißt es: „Und es kam eine Welle, und er hatte Angst." Auch Petrus also ist ein Doppelversicherer: An den Herrn Jesus möchte er schon glauben, aber dann kommt etwas, wo er es doch noch lieber mit den eigenen Fähigkeiten versuchen möchte. So sieht er die Welle – und schon beginnt er zu sinken.
Kennen Sie das auch? Mir persönlich sind derartige Situa-

tionen jedenfalls bestens bekannt, daß ich meinte: „Das bißchen schaffst du auch allein." Und dann packte mich die Angst – und ich hatte verloren.

c) Jesu Hand entdecken

Kaum ist Petrus abgesunken, kaum schluckt er das erste Wasser, da spürt er die Hand, die ihn rauszieht. Und Jesus sagt zu ihm: „Petrus, ist dein Glaube so kurz?" So kurzatmig? *Das* heißt „Kleinglaube". Der Atem reicht nicht durch. Aber wenn Sie entdecken, daß Ihr Glaube kurzatmig ist, daß Sie gerade vielleicht drin sind im Wasser und die Wellen über Ihrem Haupt zusammenschlagen, dann möchte ich's Ihnen auf den Kopf zusagen: Da ist eine Hand, die Sie hält und rauszieht.

Der Gekreuzigte hat die Arme weit ausgebreitet. Und mit der einen hält er die Hand des Vaters, und mit der andern sucht er heute Sie. Nein, Sie sind nicht betrogen, wenn Sie ihm vertrauen. Darum fangen Sie an, seine Stimme zu hören, sein Wort zu riskieren, seine Hand zu entdecken.

So könnte Glaube beginnen.

Den Blick nach vorn riskieren

Wer von einem längeren Vortrag nur das Ende hört und daraus grundsätzliche Schlüsse zieht, läuft Gefahr, mit gründlichen Mißverständnissen nach Hause zu gehen. Wer von einer größeren Einheit nur einen Ausschnitt zur Kenntnis nimmt, muß achtgeben, daß er das Ganze nicht aus dem Blick verliert. Ich nenne diese Gefahr, weil uns der Predigttext in eine solche Falle locken könnte.
Es ist ein kleiner Ausschnitt aus dem Schluß des Epheserbriefes. Die Aufforderungen, die Paulus in diesem zweiten Teil seines Briefes schreibt, haben ihre Wurzel in einem breiten Zuspruch des Apostels, der sich am Anfang des Briefes findet.
Im Barmer Bekenntnis von 1934 heißt es in der zweiten These: „Wie Jesus Christus Gottes Zuspruch und Vergebung aller unserer Sünden ist, so und mit gleichem Ernst ist er auch Gottes kräftiger Anspruch auf unser ganzes Leben." Um diesen kräftigen Anspruch auf unser ganzes Leben geht es in unserem Briefabschnitt. Denn er ist von drei Aufforderungen durchzogen: Zieht an, legt ab, lebt anders!

> Legt von euch ab den alten Menschen mit seinem früheren Wandel, der sich durch trügerische Begierden zugrunde richtet. Erneuert euch aber in eurem Geist und Sinn und zieht den neuen Menschen an, der nach Gott geschaffen ist in wahrer Gerechtigkeit und Heiligkeit. Darum legt die Lüge ab und redet die Wahrheit, ein jeder mit seinem Nächsten, weil wir untereinander Glieder sind.
> Zürnt ihr, so sündigt nicht; laßt die Sonne nicht über eurem Zorn untergehen, und gebt nicht Raum dem Teufel. Wer gestohlen hat, der stehle nicht mehr, sondern arbeite und schaffe mit eigenen Händen das nötige Gut, damit er dem Bedürftigen abgeben kann. Laßt kein faules Geschwätz aus eurem Mund gehen, sondern redet, was gut ist, was erbaut und was notwendig ist, damit es Segen bringe denen, die es hören. Und betrübt nicht den heiligen Geist Gottes, mit dem ihr versiegelt seid für den Tag der Erlösung.

Alle Bitterkeit und Grimm und Zorn und Geschrei und Lästerung seien fern von euch samt aller Bosheit. Seid aber untereinander freundlich und herzlich und vergebt einer dem andern, wie auch Gott euch vergeben hat in Christus.

Epheser 4,22-32

1. Wer Veränderung will, braucht ein Ziel

„Erneuert euch aber in eurem Geist und Sinn und zieht den neuen Menschen an, der nach Gott geschaffen ist" (Vers 23).

Die Aufforderung ergeht an Menschen, die mit einer sehr bewußten Erwachsenentaufe in die Gemeinde hineingenommen worden sind. Es wird den Gemeindegliedern durchaus noch in Erinnerung sein, was sie in ihrem Taufunterricht gehört haben: Entscheidungen gegen Gott in unserem Leben fallen immer im Vorfeld der Gedanken. Es geschieht genau so wie in jenem ersten Sündenfall, der uns im ersten Buch Mose aufgeschrieben ist: „Sollte Gott gesagt haben?" In Gedanken wird Gottes klare Weisung in Zweifel gezogen und der trennende Schritt getan. So wie der trennende Schritt im Vorfeld der Gedanken geschieht, geschehen auch die Schritte der Nachfolge zuerst im Vorfeld der Gedanken. Darum setzt die Umkehr und Veränderung an dieser Wurzel an: „Erneuert euch in Geist und Sinn." Wo die Entscheidungen für alle unsere Schritte fallen, da beginnt Erneuerung.

Wie geschieht sie?

Eine neue, andere Vision schafft sich Raum. Meinem Denken und Planen wird ein neues Ziel gesetzt. Im Grunde ist das neue Ziel ein ganz altes, denn Gott will mich dorthin haben, wozu er mich eigentlich geschaffen hat – und er hat mich geschaffen, sein Gegenüber zu sein.

Wie man ein neues Kleidungsstück anzieht, so wird das Feld der Gedanken – ich sage es einmal etwas salopp – mit

einem ganz neuen Outfit, mit einer ganz neuen Aufmachung versehen: „Zieht den neuen Menschen an, der nach dem Bilde Gottes geschaffen ist." Man kann es auch vergleichen mit dem, was bei der Renovierung eines alten Gebäudes geschieht: Vorsichtig werden die alten Farbschichten abgetragen, und was ursprünglich mit dem Aussehen des Hauses gemeint war, erstrahlt wieder in altem Glanz.
Die Veränderung greift also nach dem Urzustand! Das Bild, das Gott sich gedacht hat, wird Maßstab all meiner Entscheidungen: Ich bin Gottes Gegenüber! Ich bin Teilhaber der Schöpfung Gottes. Ich bin Sachwalter seiner guten Gaben auf dieser Welt. Entscheidungen an Gott vorbei werden außer Kraft gesetzt.
Wer Veränderung will, braucht ein neues Ziel (vgl. Vers 24). Damit ist gemeint: Ich messe meine Entscheidungen am Willen Gottes. Doch nun wird einem das Neue nicht einfach dazugegeben. Wer Neues anziehen will, muß das Alte ausziehen.

2. Wer Neues wagt, muß Altes loslassen

Nun könnte ich mir vorstellen, daß die Zielvorstellung manchen reizt. Wie schön wäre das, wenn der Maßstab all unserer Entscheidungen Gottes gute Idee seiner Schöpfung wäre. Dann müßte man ja von uns sagen – wie am Ende jedes Schöpfungstages im ersten Buch Mose –, daß es „sehr gut" ist mit uns Christen in unserer Stadt. Ist es das?
Weil der Apostel weiß, daß dem nicht so ist, sagt er etwas für ihn ganz Selbstverständliches: „Legt den alten Menschen ab!" An diesem Satz wird noch einmal nachdrücklich aufgezeigt: Man bekommt das Neue nicht, ohne daß man Altes losläßt, das gilt auch für die Nachfolge Jesu.
Ich erlebe in mancherlei Begegnungen meiner Reisetätigkeit immer wieder, daß viele Menschen dies oder jenes aus den Konsequenzen der Nachfolge ganz gut finden. Sie

wünschen sich das dann additiv, also einfach zu ihrem bisherigen Leben noch hinzu. Sie wünschen sich die Konsequenzen der Nachfolge in Auswahl. Sie haben nicht verstanden, daß „Jesus Christus Gottes kräftiger Anspruch an unser ganzes Leben ist".

Wer in die Nachfolge Jesu kommt und ein neues Ziel gewonnen hat, der muß auch, um das Ziel zu erreichen, alte Gepäckstücke abgeben. Nun prüfen Sie bitte selbst, welche von Ihrem alten Egoismus geprägten Sonderpfündlein Sie noch unter der Theke haben. Was schleppen Sie seit Jahren immer noch mit und sind nicht bereit, um des Zieles willen loszulassen: Eitelkeit, Zorn, faules Geschwätz, Konkurrenzdenken, Angst, Minderwertigkeitsgefühle?

Mancher wundert sich gelegentlich, daß er im Glauben nicht weiterkommt. Es kann sein, daß Sie das Christsein, den neuen Mantel, einfach nur über den alten gezogen haben. Dies Bild gebraucht der Epheserbrief.

Vielleicht sollten Sie heute damit beginnen, den „alten Menschen" auszuziehen. Das kann manchmal sehr konkrete Folgen haben: Jemand war leitender Musikant in der Schützenkapelle in seinem Dorf. Über der Taufe seines Kindes kam er zum Glauben. Er merkte, wie ihn die Kumpanei der Schützenkapelle z.B. am Sonntagmorgen hinderte, in der Gemeinde zu sein. Nach mancherlei Hin und Her hat er sich dort abgemeldet. Er zog sozusagen den alten Mantel aus. Heute leitet er den Posaunenchor in seiner Gemeinde. Wer Neues wagt, muß Altes loslassen – wo müssen Sie liebgewordene, aber Ihren Glauben hindernde „Schätzchen" loslassen?

3. Wer anders lebt, fällt auf

Paulus unterbreitet uns im Epheserbrief nicht weniger als den Entwurf eines ganz neuen Lebensstils (vgl. Verse 25-32). Wollten wir jeden Satz mit seinen Konsequenzen für uns nachdenken, so würde das hier sicher zu weit führen. Darum nur drei zusammenfassende Bemerkungen:

a) Der *Adressat* dieser Lebensordnung ist die um das Wort versammelte Gemeinde. Zunächst erschrecke ich bei diesem Gedanken, denn wenn Paulus solche Worte nach Ephesus schreiben muß, dann scheint es in der Gemeinde doch wohl gerade das zu geben, was er in seinem Schreiben aufzählt: Lüge, Zorn und Streit, Bitterkeit, Hartherzigkeit, dummes Geschwätz übereinander. Die Gewinne aus einem solchen Verhalten zieht ausschließlich der Teufel, der sich freut, wenn Gemeinde auf diese Weise zerfällt.
Was ist da eigentlich anders als in der Welt um uns herum? Und wenn es tatsächlich kaum Unterschiede gibt – wen wundert es, wenn unsere Gemeinde nicht einladend ist? Sie kann es doch gar nicht sein, weil sie nicht sonderlich auffällt.
Veränderung braucht auch in der Gemeinde ein neues Ziel. Wenn Gemeinde etwas Neues wagt, dann muß auch sie vielleicht Altes loslassen. Es gilt das alte Gebet: „Herr, erneuere deine Kirche und fange bei mir an!“

b) Die *Begründung* für diese neue Lebensordnung ist die in Jesus Christus geschehene Annahme durch die freundliche Hand Gottes und das daraus erwachsende Leben in der Gemeinschaft. So müssen wir heute nach beidem fragen: Leben wir aus dieser Freundlichkeit unseres Gottes, der uns in Jesus Christus angenommen hat? Wollen wir einander eigentlich wahrnehmen und annehmen als solche, die Kinder eines Vaters sind und darum Geschwister?

c) Das *Ziel* dieser Lebensordnung ist die Heilung von Beziehungen. Zugegeben: eine kühne Vision, daß Beziehungen aus dem Geist Gottes heilen sollen. Wo das geschehen würde, daß wir niemanden ausgrenzen, sondern Beziehungen bei uns heilen, da lebten wir „gegen den Strich". Es gäbe in unserem Ortsteil vielleicht noch einmal ein Aufhorchen und ein Fragen nach dem Wort, denn wer anders lebt, fällt auf. Er fällt auf, weil er Altes losgelassen hat und ein neues Ziel ihn bewegt.

ZWEI

Sie sind noch zu retten

Auf Gottes Zeichen achten

Als Achtzehnjähriger habe ich einmal mit meinem Vater eine Reise nach Paris unternommen. Unterwegs besuchten wir die Schlachtfelder und Friedhöfe von Verdun. Ich habe so etwas in meinem Leben noch nie gesehen: Gräber, so weit das Auge reicht.
Ich werde nicht vergessen, wie mir das ins Herz geschossen ist: Warum hatten die Menschen aus dem Ersten Weltkrieg nicht gelernt? Muß ich die Wunden des Dritten Reiches aufzählen? Über 50 Millionen Tote, Quadratkilometer verwüstetes Land! Das alles als Ergebnis eines Machtstrebens, das sich die Stelle Gottes zum Ziel gesetzt hat. Haben wir die harte Rede Gottes endlich verstanden?
Wie kann es sein, daß es danach immer noch weitergehen konnte: mit Vietnam, Afghanistan, Iran, Kuwait und heute Jugoslawien, ganz zu schweigen von den Agitationen aus der verblendeten rechten Ecke in unserem eigenen Land? Wie lange soll Gott eigentlich Geduld mit dieser Welt haben? Das ist die Frage.
Machen wir uns also auf den Weg zu einem alttestamentlichen Wort. Da diese Texte oft schwierig zu erschließen

sind, lassen Sie mich ein persönliches Erlebnis an den Anfang des Weges stellen.
Wer schon einmal in Israel war, weiß, daß man von dort viele lebendige Eindrücke mitnimmt. So ist es auch mir selbst ergangen, und einer der Eindrücke, der mir unvergeßlich ist, war eine Fahrt zum Toten Meer. Die Straße senkt sich ins Tal. Der Bus tastet sich die Windungen der Straße hinunter. Dann hält er an. Von einem Felsvorsprung aus hat man einen weiten Blick in jene tiefe Senke 400 m unter dem Meeresspiegel: bizarre Felsen, Sand, Steine und mitten drin die starre Fläche des Toten Meeres, keine Bewegung. Die Bezeichnung „tot" für eine solche Landschaft drängt sich einem förmlich auf. Ich stelle mir einen Augenblick lang die Situation vor, wie das Volk Gottes zurückkommt in das Land, das ihm gehört, nach langen Jahren der Fremde. Die Menschen kommen über die Hügel – doch was ist das? Hat Gott hier etwas zu schaffen vergessen? Oder war hier mal etwas, das der Gewalt und Macht dessen, der die Erde schuf, nicht standgehalten hat?
Angesichts dieser Landschaft hören die nach vielen Jahren der Fremde wiederkommenden Israeliten, was sich die Leute aus dieser Gegend von damals erzählen. Es ist eine alte Geschichte aus grauer Vorzeit. Hier hat sich einmal eine Katastrophe ereignet. Angesichts der Landschaft des Todes tritt wieder in Erinnerung, daß es hier einmal wüst zugegangen ist in den Städten und man Gott ganz und gar vergessen hatte.

> Und die Männer sprachen zu Lot: Hast du hier noch einen Schwiegersohn und Söhne und Töchter und wer dir sonst angehört in der Stadt, den führe weg von dieser Stätte. Denn wir werden diese Stätte verderben, weil das Geschrei über sie groß ist vor dem Herrn; der hat uns gesandt, sie zu verderben.
> Da ging Lot hinaus und redete mit den Männern, die seine Töchter heiraten sollten: Macht euch auf und geht aus diesem Ort,

denn der Herr wird diese Stadt verderben. Aber es war ihnen lächerlich.
Als nun die Morgenröte aufging, drängten die Engel Lot zur Eile und sprachen: Mach dich auf, nimm deine Frau und deine beiden Töchter, die hier sind, damit du nicht auch umkommst in der Missetat dieser Stadt. Als er aber zögerte, ergriffen die Männer ihn und seine Frau und seine beiden Töchter bei der Hand, weil der Herr ihn verschonen wollte, und führten ihn hinaus und ließen ihn erst draußen vor der Stadt wieder los.
Und als sie ihn hinausgebracht hatten, sprach der eine: Rette dein Leben und sieh nicht hinter dich, bleib auch nicht stehen in dieser ganzen Gegend. Auf das Gebirge rette dich, damit du nicht umkommst! Aber Lot sprach zu ihnen: Ach nein, Herr! Siehe, dein Knecht hat Gnade gefunden vor deinen Augen, und du hast deine Barmherzigkeit groß gemacht, die du an mir getan hast, als du mich am Leben erhieltest. Ich kann mich nicht auf das Gebirge retten; es könnte mich sonst das Unheil ereilen, so daß ich stürbe. Siehe, da ist eine Stadt nahe, in die ich fliehen kann, und sie ist klein; dahin will ich mich retten – ist sie doch klein –, damit ich am Leben bleibe.
Da sprach er zu ihm: Siehe, ich habe auch darin dich angesehen, daß ich die Stadt nicht zerstöre, von der du geredet hast. Eile und rette dich dahin; denn ich kann nichts tun, bis du hineinkommst.
Daher ist diese Stadt Zoar genannt. Und die Sonne war aufgegangen auf Erden, als Lot nach Zoar kam. Da ließ der Herr Schwefel und Feuer regnen vom Himmel herab auf Sodom und Gomorra und vernichtete die Städte und die ganze Gegend und alle Einwohner der Städte und was auf dem Lande gewachsen war. Und Lots Weib sah hinter sich und ward zur Salzsäule.
Abraham aber machte sich früh am Morgen auf an den Ort, wo er vor dem Herrn gestanden hatte, und wandte sein Angesicht gegen Sodom und Gomorra und alles Land dieser Gegend und schaute, und siehe, da ging ein Rauch auf vom Lande wie der Rauch von einem Ofen. Und es geschah, als Gott die Städte in der Gegend vernichtete, gedachte er an Abraham und geleitete Lot aus den Städten, die er zerstörte, in denen Lot gewohnt hatte.

1. Mose 19,12-29

Vielleicht geht es Ihnen so, daß Sie sagen: „Wenn ich diese Geschichte höre, dann komme ich mir vor wie einer, der von Calais nach Dover will – ich habe so eine Ahnung, in welcher Richtung England liegen könnte, aber ein Schiff habe ich nicht. Ich habe so eine Ahnung, daß in der Geschichte von Sodom und Gomorra etwas für mich stecken könnte, aber wie komme ich denn da hinüber?" Ich möchte mit Ihnen sozusagen das Schiff besteigen. Ich will versuchen, an ein paar Stellen überzusetzen. Ich will versuchen, die Erzählpredigt von Sodom und Gomorra zu übersetzen. Drei Punkte möchte ich nennen:

1. Gott schlägt nicht blindlings zu

Es kommen Boten zu Lot, und sie sagen ihm: „Du, die Geduld Gottes ist zu Ende! Gott will Gericht halten –, aber er will retten aus dem Gericht – und zwar dich! Nun geh und hol deine Familie zusammen, denn Gott will Heil für dich! Verlaß diesen Ort, du kannst hier nicht mehr leben!" Es ist ein Ort, der Lot immer wieder zur Sünde, d.h. zum Verleugnen Gottes auffordert.
Nun nötigt Lot alle, die zu ihm gehören: „Laß uns gehen, damit wir Gott nicht verlieren, hier können wir nicht leben!" „Und es war ihnen lächerlich", sagt der Erzählprediger vor den Ohren Israels, vor den Ohren derer, die diese tote Landschaft sehen. „Schaut euch die Landschaft an: Das ist das Ergebnis, wenn einem die Einladung Gottes lächerlich ist."
Nein, Gott haut nicht blindlings drauf. Gott hat eine unglaubliche Geduld. – Wieviel Leid und Kummer könnten vermieden werden und vermieden worden sein, wenn nicht die Antwort der Schwiegersöhne Lots bitter durch diese Welt hallen würde – immer noch: „Es war ihnen lächerlich." Wenn uns heute der Schmerz von Hunger und Krieg bedrückt, dann ist es zu billig, Gott anzuklagen. Denn vor uns liegt eine Landschaft, die getränkt ist vom Blut der Schuldigen und Unschuldigen. Angesichts einer solchen Landschaft erreicht uns der Ruf Gottes, angesichts der ver-

brannten Erde im ehemaligen Jugoslawien, wo wir den Tod mit Händen greifen können. Angesichts der brennenden Häuser von Asylanten in unserem eigenen Land sagt Gott heute: „Kehrt um!" – Gott schlägt nicht blindlings zu.

2. Gott rettet aus dem Gericht

Die Hörer dieser Erzählung haben den Ruf Gottes verstanden: „Kehrt um!" Aber nun fragen sie, wie geht das denn, das Umkehren? So schildert der Erzähler in liebevoller Weise die Geschichte Lots. Er führt ihn uns vor Augen und sagt: „Schaut euch diesen Mann an: Er hat die Mahnung verstanden und das Lachen seiner Schwiegersöhne gehört. Er hat die Boten Gottes im Hause und die Botschaft hautnah mitbekommen. Doch er geht nicht, er schiebt die Entscheidung auf! Fasse es, wer es fassen kann." Einer, dem die Dramatik der Situation von Gott ins Herz geschrieben wird, geht nicht! Er hält fest an dem Ort, wo er ständig in die Versuchung der Sünde kommt.

Wie ist Rettung aus dem Gericht möglich? Die Boten Gottes packt die Angst. Gott bekommt Angst, Lot könnte verlorengehen. Und er packt ihn mitsamt seiner Familie an der Hand und führt sie alle vor die Stadt. Erst da, wo sie in Sicherheit sind, läßt er sie wieder los.

Es könnte ja sein, daß jemand von uns schon lange weiß, welchen Ort der Sünde er verlassen soll. Gottes Rettung geschieht so, daß er einen bei der Hand nimmt und sagt: „Komm, wir gehen miteinander von diesem Ort und lassen ihn los!" Doch selbst das An-die-Hand-Nehmen kann man kaputtmachen, und das ist das eigentlich Erschütternde. Lots Frau kann sich nicht trennen. Selbst da, wo Gott selber sie herausgeführt hat, läßt sie nicht los, schaut sich um und bleibt in der Vernichtung.

Selbst zum Heil also zwingt Gott nicht! Aber die Kehrseite des Heils und des Lebens ist der Tod. Das sollte sich klar-

machen, wer sich gegen die Hand Gottes wehrt. Manche sagen mir an dieser Stelle: „Nun fängt er an zu drohen" – aber nein, ich drohe nicht! Ich lade ein zum Leben, Gott lädt ein zum Leben. Aber wer die Einladung Gottes zum Leben ausschlägt, muß wissen, daß er im Tod bleibt. Wir haben die Chance, das Leben zu wählen.
Der Erzählprediger spricht zu einem Volk, das sich angesichts des kaputten Landes zurücksehnt nach den Fleischtöpfen Ägyptens. Auch heute wird wieder viel davon gesprochen, daß Adolf Hitler die Arbeitslosigkeit bekämpft und die Autobahnen gebaut hätte. Zwar mag es sein, daß ich dies so nur karikierend wiedergebe, doch es gibt genug Leute, die sehnen sich nach diesen Fleischtöpfen. Jesus sagt: „Wer seine Hand an den Pflug legt und sieht zurück, ist nicht geschickt zum Reich Gottes." Wer seine Hand an den Pflug legt und sehnt sich zurück nach dem starken Mann – schon wieder – oder danach, daß endlich die Bundeswehr in aller Welt mitmischen darf und klirrende Macht unsere Rede wäre, der ist nicht auf dem Weg Jesu, der gesagt hat: „Selig sind, die Frieden stiften, denn sie werden Gottes Kinder heißen" (Matthäus 5,9). Gott rettet aus dem Gericht, aber das heißt: auf Jesus schauen.

3. Was ist eigentlich der Grund der Rettung Gottes?

Lot selbst hat nichts erbracht, was ihm die Rettung hätte schenken können. Gar nichts hat er zu bringen. Als er endlich gerettet und Sodom zerstört ist, heißt es weiter in der Geschichte: „Und es geschah, da Gott die Städte in der Gegend verderbte, gedachte er an Abraham und leitete Lot heraus." Gedachte er an Abraham! Es gibt nur einen Grund, warum Lot gerettet wird: Gott hat einen Freund, dem er versprochen hat, daß er ihm treu bleibt: „Dein Einsatz soll ein Segen für die ganze Welt sein."
Es gibt nur einen Grund, warum Sie und ich dem Gericht

Gottes entnommen sind: Gott hat auf dieser Welt einen Freund, seinen eigenen Sohn, von dem er gesagt hat: Wer an ihn glaubt, der hat das Leben und kommt nicht in das Gericht.

Wem es vor der Zukunft graut, wer vielleicht sogar Angst hat, daß er im Gericht Gottes nicht bestehen kann – ich kann es auch nicht –, dem sei ins Herz gesagt: Gott hat einen Freund, dessen Leben er eingesetzt hat, seinen Sohn Jesus Christus. Wer sich bei ihm festmacht, der hat das Leben, auch wenn er hier stirbt. Darum lade ich ein zu ihm, denn Jesus macht uns zu den geretteten Freunden Gottes.

Weil ich das weiß, glaube ich, daß er auch eine Hoffnung hat für alle, bei denen heute die Erde brennt. Darum will ich als ein Freund Gottes nicht aufhören, Gott in den Ohren zu liegen wie Abraham, daß Friede werde. Denn Gott will, daß allen Menschen geholfen werde – ob in Somalia oder Jugoslawien – und sie zur Erkenntnis der Wahrheit kommen.

Damaskus ist überall

Die Geschichte, die uns heute beschäftigen soll, kennen wir zur Genüge. Sie ist ja schon in unsere Sprache als Redensart eingegangen: Es ist einer „vom Saulus zum Paulus geworden“, oder: Jemand hatte sein „Damaskus-Erlebnis“.

Wer so etwas sagt, meint damit nicht gleich etwas Frommes. Er möchte sagen, daß ein Mensch sich von jetzt auf gleich total verändert hat. So kennen wir die Geschichte aus Apostelgeschichte 9: „Die Bekehrung des Paulus“. Da kommt nicht viel Neues – dachte ich. Aber beim Nachdenken über die Geschichte stellte sich für mich die Frage, ob es eigentlich richtig ist, sie überhaupt „Die Geschichte von der Bekehrung des Paulus“ zu nennen.

Ich habe den Eindruck, daß es hier um mindestens zwei Fronten geht, mit denen unser Herr zu tun hat.

Ganz und gar falsche Entscheidungen wurden gefällt, weil Menschen bestimmte Vor-Urteile hatten. Vorurteile sind ja so etwas wie Meßlatten, Maßstäbe, die wir mitbringen, und es ist in vielen Beziehungen sicher nicht schlecht, solche Maßstäbe zu haben. Leider sind sie in einigen Bereichen unserer Gesellschaft verlorengegangen. Allerdings: wenn ich diese Maßstäbe, diese Meßlatten an Gott anlege und anfange, sein Handeln mit meinem Maßstab zu messen, wird auf einmal alles verkehrt. Ich entdecke, daß in unserer Geschichte so einige Dinge verkehrt ablaufen, weil manche Leute fromme Vor-Urteile hatten und diese Meßlatten an den lebendigen Gott und sein Handeln anlegten. Sie waren der festen Überzeugung, sie wüßten es besser als er. Man könnte diese Geschichte auch ganz anders überschreiben, etwa mit dem Ausruf des Erstaunens:

„Das hätte ich nicht gedacht! – Wenn Gott mit Vorurteilen aufräumt"

Saulus aber schnaubte noch mit Drohen und Morden gegen die Jünger des Herrn und ging zum Hohenpriester und bat ihn um Briefe nach Damaskus an die Synagogen, damit er Anhänger des neuen Weges, Männer und Frauen, wenn er sie dort fände, gefesselt nach Jerusalem führe.
Als er aber auf dem Wege war und in die Nähe von Damaskus kam, umleuchtete ihn plötzlich ein Licht vom Himmel; und er fiel auf die Erde und hörte eine Stimme, die sprach zu ihm: Saul, Saul, was verfolgst du mich? Er aber sprach: Herr, wer bist du? Der sprach: Ich bin Jesus, den du verfolgst. Steh auf und geh in die Stadt; da wird man dir sagen, was du tun sollst. Die Männer aber, die seine Gefährten waren, standen sprachlos da; denn sie hörten zwar die Stimme, aber sahen niemanden. Saulus aber richtete sich auf von der Erde; und als er seine Augen aufschlug, sah er nichts. Sie nahmen ihn aber bei der Hand und führten ihn nach Damaskus; und er konnte drei Tage nicht sehen und aß nicht und trank nicht.
Es war aber ein Jünger in Damaskus mit Namen Hananias; dem erschien der Herr und sprach: Hananias! Und er sprach: Hier bin ich, Herr. Der Herr sprach zu ihm: Steh auf und geh in die Straße, die die Gerade heißt, und frage in dem Haus des Judas nach einem Mann mit Namen Saulus von Tarsus. Denn siehe, er betet und hat in einer Erscheinung einen Mann gesehen mit Namen Hananias, der zu ihm hereinkam und die Hand auf ihn legte, damit er wieder sehend werde. Hananias aber antwortete: Herr, ich habe von vielen gehört über diesen Mann, wieviel Böses er deinen Heiligen in Jerusalem angetan hat; und hier hat er Vollmacht von den Hohenpriestern, alle gefangenzunehmen, die deinen Namen anrufen.
Doch der Herr sprach zu ihm: Geh nur hin; denn dieser ist mein auserwähltes Werkzeug, daß er meinen Namen trage vor Heiden und vor Könige und vor das Volk Israel. Ich will ihm zeigen, wieviel er leiden muß um meines Namens willen.
Und Hananias ging hin und kam in das Haus und legte die Hände auf ihn und sprach: Lieber Bruder Saul, der Herr hat mich gesandt, Jesus, der dir auf dem Wege hierher erschienen ist, daß du wieder sehend und mit dem heiligen Geist erfüllt werdest. Und sogleich fiel es von seinen Augen wie Schuppen, und er wurde

wieder sehend; und er stand auf, ließ sich taufen und nahm Speise zu sich und stärkte sich.
Saulus blieb aber einige Tage bei den Jüngern in Damaskus. Und alsbald predigte er in den Synagogen von Jesus, daß dieser Gottes Sohn sei.

Apostelgeschichte 9,1-20

Lassen Sie mich auf drei Dinge hinweisen:

1. Eine falsche Entscheidung, weil ein Vorurteil feststeht
Die Geschichte beginnt mit dem Satz, „Saulus aber wütete weiter mit Drohen und Morden gegen die Jünger des Herrn." Aus unserer Sicht, aus der Sicht eines Jünger Jesu, fallen einem zu diesem Satz ganz schön böse Gedanken ein über solch einen Gottesfeind. Es gibt ja auch in unseren Tagen Länder, Regierungen, Personen, die man mit Namen nennen könnte, die mit Drohen und Morden gegen die Jünger des Herrn wüten. Wem unter uns fallen zu solchen Leuten nicht genug böse Gedanken ein! Wer würde den Himmel nicht stürmen, daß Gott solche Mächte hindert!
Was ist das für ein Mann, dieser Saulus? Das Verblüffende ist ja, daß er überhaupt kein Gottesfeind ist. Er ist ein hochangesehener Mitarbeiter in der Gemeinde Gottes. So sehr steht er im Vertrauen der obersten Kirchenleitung, daß er jedwedes „pfarramtliche" Zeugnis bekommt: Wohin er auch reist, Tür und Tor stehen ihm in den Gemeinden offen. Sofort darf er mit diesem Zeugnis auf die Kanzel, weit davon entfernt, als Irrlehrer beschimpft zu werden. Er ist ein angesehener Theologe seiner jüdischen Gemeinde. Er hält Bibelstunden und gehört zu denen, die im gemeindlichen Unterricht besonders engagiert sind. Er ist also ein zuverlässiger Mitarbeiter, wie ihn sich manches Presbyterium nur wünschen könnte. Ein im allerbesten Sinne frommer Mann! Das sage ich ohne Zungenschlag und ohne Bosheit. Und dieser fromme Mann „wütet weiter mit Drohen und Morden gegen die Jünger des Herrn".

Was ist eigentlich bei diesem frommen Mann falsch gelaufen? Er, der sich zu den Freunden Gottes zählt, gerät dermaßen in Wut, daß er eine nach unserer Einsicht falsche Entscheidung trifft. Hier ist der erste Punkt, an dem ich entdecke: Jemand legt seine eigene Meßlatte an Gottes Handeln an. Er hat Vorurteile, durchaus fromme, gültige, biblisch belegbare Vorurteile, wie denn der Messias kommen müßte. Er war ganz sicher, daß er so kommen müßte, wie er es sich vorgestellt hatte, jedenfalls nicht so wie Jesus von Nazareth.

Wie tief dieser Knackpunkt sitzen kann, habe ich einmal in besonderer Weise zu spüren bekommen. Als meine Frau und ich vor einigen Jahren eine Reise nach Israel machten, waren wir eines Abends zu Gast in der Familie eines jüdischen Sozialarbeiters. Es stellte sich sehr bald heraus, daß unser Gastgeber ein überaus belesener und gläubiger Jude war, der seinen festen Platz in der Synagogengemeinde hatte und darüber hinaus auch das Neue Testament gut kannte. Wir kamen an dem Abend in eine sehr angeregte Unterhaltung über Fragen des Glaubens. Unser Gesprächspartner redete mit hoher Ehrfurcht von Jesus als einem auserwählten Propheten Gottes. Dann sagte ich: „Wissen Sie – genau an dem Punkt geht doch das Neue Testament weiter: Er ist doch der, der angesagt ist durch die Propheten. Er ist doch der Sohn Gottes. Er ist doch der, der wie das Lamm zur Schlachtbank geführt wird (Jesaja 53) und für uns stirbt und uns mit Gott versöhnt." Da war es, als hätte ich einen Zündfunken in ein Pulverfaß geworfen. Mein Gastgeber verlor fast die Fassung und sprach sehr laut: „Nein und nochmals nein! Gott kann nicht sterben! Sie lästern Gott!"

Er hat sich, als er sich wieder ein wenig gefangen hatte, für diese Explosion entschuldigt. Aber im Grunde war ich ihm dankbar. Denn ich habe zum ersten Mal begriffen, wie tief dieses Urteil im Volk Gottes sitzt, wie tief – so hat es Paulus später einmal gesagt – „die Decke Moses" vor ihren Augen hängt. Die Decke hängt so tief vor ihren Augen, daß man den Weg Gottes, der sich in Jesus Christus am Kreuz in Erfüllung bringt, als Gotteslästerung bezeichnen kann. „Gott kann nicht sterben!" Aber da, ganz genau da liegen die Gründe für das Vorurteil des Saulus, das ihn dazu bringt, zu wüten mit Drohen und Morden gegen die Jünger des Herrn. Sie lästern Gott!

Dabei hatte Saulus ja sehr wohl das Evangelium gehört – zumindest in der Rede des Stephanus, denn dessen Hinrichtung hat er beigewohnt. Aber seine eigenen Erkenntnisse, wie Gott im Blick auf das Kommen des Messias handeln müßte, waren so abgeschlossen wie eingekochtes Obst. Daran soll nur keiner rühren, ans Eingemachte, darum wütete er.

Aber ich habe den Eindruck: so wie bei Paulus fallen bis heute in unseren Gemeinden geistliche Entscheidungen in der falschen Weise. Wer seine Erkenntnisse zum letztgültigen Maßstab erhebt, wird mit Gott nichts Neues mehr erleben. Darf Gott sich eigentlich nur innerhalb lutherischer oder reformierter Bekenntnisschriften bewegen?

Ich gehöre nicht der geistlichen Gemeindeerneuerung an. Aber ich will mich fragen, warum wir vor mancher biblischen Bewegung in unserer Kirche Angst haben, nur wenn jemand drei Halleluja mehr ruft, als ich sie kenne, oder wenn tatsächlich unter der Wirkung des Evangeliums Menschen gesund werden. Warum haben wir Angst vor Wirkungen des Geistes Gottes, die in der Bibel belegt sind und die auch Paulus nicht fremd waren? Er war blind und ist sehend geworden. Wie, wenn Gottes Geist – und das sage ich wirklich aus Betroffenheit und ernster Frage – sich an all unseren eingekochten Bekenntnisschriften vorbei in unserem Land ein anderes Feld suchen würde, nur weil wir *unsere* Meßlatten an sein Handeln legen? Ich will neu bedenken, daß man offenbar mit Argumenten, die von der

Dogmatik abgesichert sind, gegen Gottes neue Aufbrüche falsche Entscheidungen treffen kann. Das war das Verhängnis des Saulus.

2. Eine Entscheidung, die alles auf den Kopf stellt

Stellen Sie sich bitte vor, Sie planen den Bau eines Hauses. Wenn man so etwas tut, dann stellt man mancherlei Überlegungen an. Die Finanzierung wird erstellt, Angebote werden eingeholt. Schließlich wird das Haus gezeichnet, die Statik berechnet und die Baugenehmigung besorgt. Stellen Sie sich vor, es ist alles soweit – der Plan, die Statik, die Finanzierung –, und dann stellt sich bei der Baugenehmigung heraus, daß Ihnen das Grundstück, auf dem Sie bauen wollten, gar nicht gehört. Dann war alles umsonst. Dann können Sie die ganze Malerei, die ganze Rechnerei, das ganze Werk vergessen. So geht es Saulus. Ihm widerfährt eine Entscheidung, die alles auf den Kopf stellt.

Zunächst schien ja alles glatt zu laufen und aufzugehen, was er plante. Er bekam Genehmigungen, Zeugnisse und Vollmachten, sein Name wurde in den entsprechenden Gruppierungen bekannt, und die Jünger Jesu fürchteten seinen Namen. So hatte er sich das gewünscht. In seinen Augen war das Erfolg. Das Gebäude, das er zu bauen gedachte, machte Fortschritte. Nur, das Gebäude stand auf einem Grund, der nicht stimmte. Es stand auf dem Grund: Jesus ist nicht Gottes Sohn, und er ist tot.

Mit einem Schlag wird ihm dieser Grund und Boden entzogen. „Der Boden, auf dem du baust, Saulus, gehört nicht dir, er ist nicht dein. Ich bin Jesus, den du verfolgst." Der Gekreuzigte lebt und ist Herr. Nur wer sich bei ihm festmacht und von ihm überwältigt ist, hat das Leben. Wer Jesus bekämpft, hat das Leben nicht. Die ganze Rechnung ist für die Katz. Getragen wird Saulus nicht von seinem eigenen Maßstab, nicht von seinen Entscheidungen, sondern

davon, daß Gott sich in Jesus dem Gekreuzigten und Auferstandenen für ihn entschieden hat. Das trägt ihn bis in die Arme Gottes: „Steh auf, geh in die Stadt, dort wird man dir sagen, was du tun sollst.“
Ganz und gar unerwartet greift Gott ein. Ganz und gar unerwartet ist die Entscheidung. Saulus selbst hatte gar keine Chance, sich zu entscheiden – die unerwartete Entscheidung, die den Saulus verändert und das Damaskus-Erlebnis beinhaltet, ist die Entscheidung Gottes für ihn.
Daß es die alles überwältigende Entscheidung des Gekreuzigten *für mich* ist, die mich bis in Gottes Arme trägt, und es hier nicht um meine Entscheidung für Jesus geht, das ist kein Wortspiel. Paulus ist nicht gedrängt worden, sich für Jesus zu entscheiden, sondern es gab für ihn gar keinen Raum mehr, der Liebe Gottes auszuweichen. Darum sagt er: „Herr, wer bist du? Was soll ich tun?“ „Steh auf und geh in die Stadt.“
Ich möchte mir wünschen, daß ich Menschen die Liebe Gottes, die sich in dem Gekreuzigten und Auferstandenen offenbart, so ins Herz malen kann, daß jemand fassungslos sagen muß: „Herr, was soll ich tun? Da ist mein Leben.“ So kommen Menschen zum Glauben. Da fällt es wie Schuppen von den Augen. Die Entscheidung Gottes für mich trägt mich, trägt mich bis in die Gegenwart der Ewigkeit Gottes.

3. Ein neuer Anfang mit Hindernissen

Der Herr stieß Saulus vom Pferd und stellte ihn sozusagen für eine Weile in einen stillen Winkel. Der erste Schritt zum neuen Anfang ist also gemacht. Wider alle Erwartungen hat Gott die Vorurteile des Saulus ausgeräumt. Da sitzt er nun in der Stille: ein Mann, dem Gott Zeit läßt, über sein neues Leben nachzudenken. Aber das war ja nur der erste

Schritt, denn es gibt keine Umkehr, die nicht auch in die Gemeinde führt.
Ich muß immer wieder an einen Gesprächspartner denken, der nach einer Veranstaltung auf dem Kirchentag zu mir kam und sagte: „Ich habe entdeckt, daß ich mein Leben verändern muß, und ich habe Angst: Wenn ich morgen wieder nach Hause fahre, wie kann ich das meinen Freunden sagen?“ Das genau ist der Punkt. Jetzt geht es darum, daß Paulus seinen Platz in der Gemeinde findet. Auch da ist Gott schon unterwegs, die Wege zu ebnen.
Vielleicht wundert es Sie, daß Gott *da* die Wege ebnen muß. Warum muß denn der Herr die Wege in die Gemeinde ebnen? Betet denn die Gemeinde nicht längst um Veränderung? Betet sie nicht darum, daß neue Leute in ihre Reihen kommen? Sicher tut sie das. Aber glaubt sie denn auch, daß Gott etwas tut?
Der Herr schickt seinen Mitarbeiter Hananias geradewegs zu Saulus und gibt ihm sogar noch eine Menge Informationen über ihn: Er betet, er ist mir ein Rüstzeug, ein Werkzeug zu predigen das Evangelium bei den Heiden...
Aber das alles beeindruckt Hananias nicht sonderlich. Und hier habe ich entdeckt: Es geht in dieser Geschichte nicht nur um die Bekehrung des Saulus. Da gibt es noch einen, der seinen Maßstab an Gott anlegt. Als wüßte er es besser, sagt Hananias: „Herr, du hast dich geirrt. Ich habe die besseren Informationen über diesen Mann. Der verfolgt nämlich deine Leute und hat sogar einen Ausweis für Damaskus.“
Eigentümlich! Noch während die Gemeinde betet, ist Gott unterwegs und stellt das Leben des Saulus auf den Kopf – und dann glaubt sie es nicht. Wie ernst nehmen wir eigentlich unser eigenes Beten? Wie realistisch glauben wir eigentlich, daß Gott Mauern, die wir für schier uneinnehmbar halten, umwirft? Ich bin gewiß, in Ihrer Stadt gibt es noch genug Menschen, die nichts von Gott wissen

und bei denen Sie es schon längst aufgegeben haben, weil Sie sagen: Die sowieso nicht! Das war bei denen schon immer so! – Wie ernst nehmen wir eigentlich unsere Fürbitte?

Hananias muß sich bekehren. Er muß seine Vorurteile aufgeben und einsehen, daß Gott den Saulus wirklich schon längst verändert hat.

Das Nachdenken des Hananias ist Anstoß für uns, den Vorurteilen die Tür zuzuschlagen. Ich möchte, daß wir aufhören, Feindbilder untereinander zu pflegen. Ich möchte Mut machen zu *glauben*, daß der Auferstandene Menschenherzen verändert. Ich will wach sein, wenn Gott auf diesem Weg bei mir Vorurteile ausräumen muß.

Hananias geht zu Saulus. – Zu wem müßten Sie eigentlich schon längst wieder hingehen und Bruder oder Schwester sagen, weil Sie es eigentlich schon lange wieder sind?

Saulus geht in die jüdische Gemeinde und predigt, daß Jesus Gottes Sohn ist. Wo müßten Sie, weil man Sie dort so ganz anders kennt, endlich den Mund auftun und sagen, daß Jesus Ihr Herr ist?

Es könnte bei dem einen oder anderen geschehen, daß jemand sagt: Das hätte ich nicht gedacht.

DREI

Gott ist beim Wort zu nehmen

Leben in Fülle statt Idylle

> Ich bin der gute Hirte. Meine Schafe hören meine Stimme, und ich kenne sie, und sie folgen mir; und ich gebe ihnen das ewige Leben.
>
> Johannes 10,11.27-28

Kaum ein Satz Jesu ist so bekannt wie der vom „guten Hirten". Kaum ein Vergleich der Bibel wird so oft gebraucht wie dieses Bild.

Und sogleich stehen mit diesem Wort Bilder auf: eine weite, leicht hügelige Landschaft; friedlich grasende Schafe; ein älterer Mann in einem weiten Mantel. Im Hinschauen sehen wir das sonnengebräunte Gesicht, klare helle Augen, so steht er da, leicht gebeugt auf seinen langen Stab gestützt. Sein Blick geht verträumt in die Ferne. Über allem spannt sich ein weiter, blauer Himmel, von dem die Sonne wärmend strahlt. Frieden liegt über dem Bild, Ruhe, Lieblichkeit, es gibt weder Störung noch Lärm, alles liegt weitab.

„Ich bin der gute Hirte..." – so kennen es viele, so lieben es viele, so soll er sein, der gute Hirte.

1. Ein neues altes Bild

Als ich einmal bei einem Straßengottesdienst über den guten Hirten gepredigt hatte, kam ein junger Mann auf mich zu. Noch im Kommen fährt es aus ihm heraus: „Sie reden da von Gott, Sie reden da von Jesus – gut ist der? Nein! Weg ist der. Der hat doch keine Ahnung vom Leben, von meinem jedenfalls nicht, der alte Mann. Ich glaube, der träumt, oder schläft er? Oder ist er schon gestorben?"

Mit einer Mischung aus Bitterkeit und Fragen, Ablehnung und Suchen schaut er mich an. Ich ahne, er hat das verträumte Bild im Kopf. Sollte er recht haben, der junge Mann? Ist Gott wirklich dieser Alte, ein wenig weltfremd abgehoben, in jedem Fall weit weg von meinem Leben? Kann es wirklich so stimmen, daß Jesus das meint, wenn er sagt: „Ich bin der gute Hirte"?

Ich kann mir nicht denken, daß der so weltfremd und abwesend ist, der die Kranken heilt, die Beladenen entlastet, den Tod auf sich nimmt und das Grab sprengt! Nein, irgend etwas muß da falsch sein an unserem Bild.

Ich fange noch einmal an mit dem alten, vertrauten Bild vom guten Hirten. Wie hatte Jesus gesagt? „Ich bin der gute Hirte. Meine Schafe hören meine Stimme, und ich kenne sie, und sie folgen mir; und ich gebe ihnen das ewige Leben." – Wo war er eigentlich, als er so gepredigt hat? Jesus predigte nicht in der Lüneburger Heide, nicht auf der verträumten Waldwiese im Bergischen Land, sondern in Israel, seinem Heimatland.

Im Nachdenken über dieses ganz andere Land wird eine Erinnerung in mir wach, zwanzig Jahre mag sie zurückliegen. Wir fuhren mit einem Reisebus durch die Negev-Wüste. Das war das Land, in dem Jesus gelebt hat, Israel! Ein scharfer Wind treibt den feinen Sand in langen Fahnen vor sich her. Da hält der Bus auf offener Strecke. Weit und breit kein Haus, kein Baum, kein Mensch. – Doch! Da steht ein Beduine mitten auf der Straße. Mit erhobenen Armen hält er den Verkehr an, eine Erscheinung wie aus alten Tagen. Das weite Gewand flattert im Wind. Seine Kopfbedeckung, das typisch arabisch gemusterte Tuch, hat er tief in die Stirn gezogen und die Enden zum Schutz vor Mund und Nase geschlungen. Aus einem schmalen Spalt funkeln die dunklen Augen... Er hat den Verkehr nicht für sich angehalten. Ungeduldig wartet am Straßenrand seine große Schafherde. Jetzt wendet er sich dankend um und geht mit langen Schritten schnurstracks in die wüste Landschaft. Hinter ihm überquert in eiligem Getrappel die große Herde die Straße. Wir sehen keinen Pfad, keinen Hinweis, kein Schild, aber der Hirte scheint den Weg gut zu kennen.

Die Herde muß nicht suchen, wo es weitergeht; der Hirte geht voran, und sie folgt ihm, als wolle sie zum Ausdruck bringen: Nur nicht den Anschluß verlieren, dranbleiben, zusammenbleiben! Fasziniert schauen wir hinterher, bis Herde und Hirte im grauen Schleier des Flugsandes verschwunden sind.

Es ist Abend. Längst sind wir in einem guten Hotel in der Oase Berschewa. Der Wind hat sich gelegt, und in der kühlen Abendluft machen wir noch einen kleinen Spaziergang. Wir kommen an die Viehtränke. Da stehen sie, die Hirten: verwegene, rauhe Gestalten. Die Herden drängeln sich an der Tränke, grasen oder ruhen aus.

Und auch unser Hirte hat den Lebensraum der Oase gefunden! Er ist angekommen. Das ist ein anderes Bild als die Idylle der Lüneburger Heide, hier gibt es nichts Verträumtes. Es ist, als öffnete sich so ganz neu eine Tür zu dem alten Bild vom „guten Hirten“, denn Jesus sagt damit: „Hab keine Angst: Ich kenne den Weg, auch wo du keinen siehst. Ich gehe voraus, folge du mir nach. Ich schenke das Leben, du sollst Raum haben.“

2. Leben ohne Angst

Wenn Jesus sagt: „Ich bin der gute Hirte“, dann heißt das:

a) Ich kenne den Weg, auch wo du keinen siehst

Daß wir den Weg nicht sehen, den wir gehen sollen, das kennen wir. Daß da jemand ist, der für uns eine Zukunft hat, weil er in aller Ausweglosigkeit unseren Weg kennt, das ist neue Hoffnung. Ihn müßten wir kennen. Auf ihn müßten wir hören. Mit ihm müßten wir sprechen. Wer ist er? Um Jesus geht es, das ist sein Name.

Er, der Sohn Gottes, ist unsere Adresse. In seiner Bildpredigt vom guten Hirten sagt er: „Meine Schafe hören meine Stimme.“ Das heißt: Wer zu ihm gehört, den kennt er. Wer zu ihm gehört, der kennt ihn, der hört ihn, der hört seine Stimme. „Wer zu ihm gehört“ – das ist der Punkt. Ob Sie zu ihm gehören?

Da lesen wir in der Bibel einen kühnen Satz: „Gott erweist seine Liebe zu uns darin, daß Christus für uns gestorben ist, als wir noch Sünder waren“ (Römer 5,8). Spüren Sie, was das bedeutet? Als Sie noch gar nicht daran dachten, nach Gott zu fragen, da hat er sich schon auf den Weg gemacht und mit dem Leben Jesu alles bezahlt, was uns von Gott, dem Vater, trennt. Er hat bezahlt! Sie gehören ihm. Sie, die Sie Ihren Weg suchen.

Sie sollten mit ihm sprechen. Sie sollten ihm sagen, daß auch Sie ihm gehören wollen. Sie sollten auf ihn hören. Wo er redet? Zum Beispiel in seinem Wort. Fangen Sie noch einmal an, die Bibel zu lesen. Wo Sie sich ihm so zuwenden, da werden Sie staunen, denn Jesus ist kein frommer Traum, keine ferne Idylle, Jesus ist wirklich der gute Hirte, der den Weg kennt, wo Sie keinen sehen.

b) Ich gehe voran, folge du mir nach

Wer diesen Schritt riskiert, sich Jesus anvertraut und in seinen Fußspuren bleibt, der wird entdecken, daß er bei ihm nicht hinter einem Tagträumer herläuft, sondern dem guten Hirten folgt. Die Seinen sind ihm so viel wert, daß er auch unwegsames Gelände für sie durchschreitet, um sie zum Ziel zu bringen.

So finden wir Jesus als den, der den Elenden das Licht bringt: Da steht der Rat des Dorfes zum Empfang bereit und will das Elend im Dorf verstecken. Aber der blinde Bartimäus läßt sich den Mund nicht verbieten. (Wo läßt sich Elend, das zum Himmel schreit, schon den Mund verbieten?) Und Jesus hört den Schrei, geht ihm nach und schenkt dem Blinden das Licht!

Wir finden Jesus als den, der den Gebundenen die Freiheit schenkt: Zachäus war nicht gut gelitten, aus vielen Gründen. Er wollte Jesus auch nur sehen, der Mann, der ganz und gar verstrickt war in seiner Habgier. (Wo gibt es Habgier, die nicht wie Stricke bindet?) Aber Jesus kommt zu ihm, ganz nah, geht in sein Haus, macht ihn frei von diesen Stricken, und Zachäus lernt das Teilen!

Schließlich finden wir Jesus als den, der eines Tages um seiner Geradlinigkeit willen selber gebunden wird. Einer seiner besten Freunde, Petrus, will ihn retten und zieht das Schwert. Er meint es ja so gut. (Wo hat Gewalt eigentlich nicht behauptet, daß sie Gutes im Schilde führt?) Aber Jesus sagt: „Stecke dein Schwert in die Scheide!" Petrus muß lernen, daß Jesus nicht den Weg der Gewalt geht.

Wer Jesus folgt, wird die Elenden entdecken – in der Nähe oder in der Ferne –, und er wird mit anfassen, ihnen in der Spur Jesu das Licht zu bringen. Wer ihm folgt, wird seinen wohlgehüteten Reichtum entdecken, und er wird lernen, loszulassen und mit anderen zu teilen. Wer Jesus folgt, wird erkennen, daß er sich auf dem richtigen Weg befindet, auf dem mit dem Schwert nichts zu erreichen ist.

c) Ich schenke das Leben, du sollst Raum haben

Wir haben gehört, daß sich auch in den Wüsten dieser

Welt Räume des Lebens auftun, wenn man Jesus folgt. Denn es wächst Hoffnung, wo es bei den Elenden hell wird. Gerechtigkeit blüht auf, wo die Reichen das Teilen lernen. Wo Waffen nicht gebraucht werden, da freut man sich des Lebens. Aber nun sehen wir solche Räume der Hoffnung nur wie Oasen in einem weiten, dürren Land.
Muß es bei diesem Stückwerk bleiben? Gibt sich Jesus damit zufrieden? Nie und nimmer! Wie einen I-Punkt, der den Buchstaben erst vollkommen und erkennbar macht, setzt Jesus auf das Bild vom guten Hirten eine leuchtende Verheißung, die die Anfänge aufnimmt, aber weit darüber hinausweist: „...und ich gebe ihnen das ewige Leben!"
Damit greift Jesus durch die letzte dunkle Wand, den Tod, und er macht klar: Wenn du zu mir gehörst und bei mir bleibst, bist du selbst da nicht allein. Niemand und nichts kann dich meiner Hand entreißen!
Kann man sich darauf verlassen? Wie kann man wissen, was hinter der Wand ist?
In der Offenbarung, dem letzten Buch der Bibel, läßt Gott den Seher Johannes wie durch ein Schlüsselloch in Gottes neue Welt schauen: „Und Gott wird abwischen alle Tränen von ihren Augen!" Und Johannes hört, was Gott sagt: „Ich will dem Durstigen geben von der Quelle des Lebens umsonst."
Da sind wir am Ziel in der Gegenwart Gottes! Dahin will Jesus uns führen. Damit dort niemand fehlt, lade ich Sie ein, sich Jesus anzuvertrauen, denn er kennt den Weg, er geht voraus, er schenkt das Leben – umsonst!

Reden mit dem Freund fürs Leben

> Und er sprach zu ihnen: Wenn jemand unter euch einen Freund hat und ginge zu ihm um Mitternacht und spräche zu ihm: Lieber Freund, leih mir drei Brote; denn mein Freund ist zu mir gekommen auf der Reise, und ich habe nichts, was ich ihm vorsetzen kann, und der drinnen würde antworten und sprechen: Mach mir keine Unruhe! Die Tür ist schon zugeschlossen, und meine Kinder und ich liegen schon zu Bett; ich kann nicht aufstehen und dir etwas geben. Ich sage euch: Und wenn er schon nicht aufsteht und ihm etwas gibt, weil er sein Freund ist, dann wird er doch wegen seines unverschämten Drängens aufstehen und ihm geben, soviel er bedarf.
> Und ich sage euch auch: Bittet, so wird euch gegeben, suchet, so werdet ihr finden; klopfet an, so wird euch aufgetan. Denn wer da bittet, der empfängt, und wer da sucht, der findet; und wer da anklopft, dem wird aufgetan.
> Wo ist unter euch ein Vater, der seinem Sohn, wenn der ihn um einen Fisch bittet, eine Schlange für den Fisch biete? oder der ihm, wenn er um ein Ei bittet, einen Skorpion dafür biete?
> Wenn nun ihr, die ihr böse seid, euren Kindern gute Gaben geben könnt, wieviel mehr wird der Vater im Himmel den heiligen Geist geben denen, die ihn bitten!
>
> Lukas 11,5-13

Einmal im Monat hatten wir in unserer Gemeinde in Remscheid einen Familiengottesdienst, das war so Tradition. Und es war immer ein Fest. Wir gingen dann nicht in die Kirche, weil die zu klein war. Unser Gemeindesaal war größer, und da bekamen wir gerade alle hinein. Er war auch gemütlicher: Da konnte man den Mantel ausziehen, und es gab eine Bühne, wo man die musizierende Gruppe und den Pastor sehen konnte, der die biblische Geschichte erzählte. Man war einfach näher beieinander, und wir hatten reichlich Platz.
Diese Familiengottesdienste hatten immer einen ganz besonderen Akzent der Freude, und so war es ein ungemeiner Schrecken für uns, als es eines Tages während der Feier zu

einem Diebstahl kam. Jemand hatte die Gelegenheit genutzt, sich an der Garderobe zu schaffen zu machen. Die Mäntel hatte er allen gelassen, aber er hatte alle Schlüssel mitgenommen, die er finden konnte: Autoschlüssel, Hausschlüssel, Kellerschlüssel... Die Autos auf dem Parkplatz waren zum Teil aufgeschlossen.
Eines unserer Gemeindeglieder war in heller Aufregung. Er war Prokurist einer großen Werkzeugfirma und hatte in seinem Mantel den Schlüsselbund vom Betrieb dabei gehabt – mitsamt dem Generalschlüssel. Wer ihn besaß, konnte an der Pforte unten aufschließen, durch die Verwaltung hindurch bis zur Kasse und ins Büro des Chefs gelangen, das war kein Problem.
Man kann sich leicht vorstellen, wie dem Prokuristen zumute war. Zunächst haben wir danach gesucht, ob der Dieb den Schlüsselbund vielleicht weggeworfen hätte. Aber die Suche war erfolglos, und so hat der Bestohlene dann bei der Firma Bescheid gesagt. Es wurde ein Wächter aufgestellt, die Polizei benachrichtigt, es dauerte ein paar Tage, bis die Schließanlage geändert war, und Tag und Nacht wurde das Gelände bewacht. Der Dieb ist nicht gekommen. Er hat nicht versucht einzubrechen. Und wir alle hatten den Eindruck, er hat es deshalb nicht versucht, weil er gar nicht wußte, was er hatte.
Ich habe den Eindruck, es gibt Leute, die haben schon mal gehört, daß man beten könnte. Sogar Leute in der Gemeinde, Menschen, die sich auch durchaus als Christen bezeichnen. Andere stehen ganz am Rande der Gemeinde und haben auch schon mal etwas davon gehört. Sie haben gehört, man könnte beten, aber sie haben's nie probiert, obwohl sie mit dem Gebet den Generalschlüssel zum Herzen Gottes haben. Wo immer ich bin, ob hinterm Schraubstock im Betrieb, ob hinterm Kochtopf in der Küche, ob an der Ampel im Auto, ob im Krankenbett oder auf der Wan-

derung – ich kann mit einem Wort beim Herzen Gottes sein.
Ich wundere mich, warum viele Leute diesen Generalschlüssel, dieses große Angebot Gottes, so vergraben und vergessen haben. Manche haben auch noch nicht verstanden, daß sie tatsächlich immer und an jedem Ort zum Herzen Gottes kommen können. Sie haben diesen Schlüssel eingerahmt mit einem roten Rand drumherum: „Nur bei Feuer einschlagen!“ Und wenn's dann brennt, soll er sofort da sein. Aber eigentlich ist man froh, wenn man ihn nicht braucht.
In Johannes 15 sagt Jesus zu seinen Jüngern: „Ihr seid meine Freunde.“ – Ich darf also mit ihm reden wie mit einem Freund! Als Mose sich aufmachte, mit Gott zu sprechen, „redete Gott mit Mose, wie ein Mann mit seinem Freund redet“. – Merken Sie, wie Gott selber zu uns herunterkommt? Da muß ich keine Kletterpartie machen und brauche keine Höhen zu erklimmen, sondern ich darf mit ihm wirklich wie mit einem Freund reden. So weit hat Gott die Tür zu seinem Herzen aufgemacht.
Lassen Sie mich in fünf Schritten die praktischen Konsequenzen für mein Gespräch mit Gott aufzeigen:

1. Mein Gebet hat ein Gegenüber, das es gut mit mir meint

Jemand sagt: „Beten ist doch eigentlich nichts anderes als ein frommes Selbstgespräch. Ich habe das schon mal versucht, aber was soll das?“ Ein anderer sagt sehr andächtig: „Das ist stilles Nachdenken, Meditieren, Zu-mir-selbst-Kommen, Mich-in-mich-selbst-Versenken.“ Ich will nicht abstreiten, daß auch diese Dinge sehr wichtig sind. Aber beten ist das alles noch nicht. Beten heißt nicht, daß ich zu mir selbst zurückkomme. Beten heißt nicht, daß ich zu mir finde. Beten heißt, daß ich mit mir vor *ihm* bin. Wenn ich mit Gott reden darf wie mit einem Freund, dann heißt das,

daß mein Beten ein konkretes Gegenüber hat, das es gut mit mir meint. Schon lange wartet er darauf, daß ich den Kontakt zu ihm wieder aufnehme.
Ich möchte Sie von Herzen ermutigen, diese Freundschaft, sofern sie unterbrochen ist, wieder anzufangen. Er hat es doch gesagt: „Kommt her zu mir alle, die ihr mühselig und beladen seid. Ich will euch erquicken." In einer modernen Bibelübersetzung lautet dieser Vers: „Kommt zu mir, die ihr euch müde geschleppt habt an euren Lasten. Aufatmen sollt ihr und frei sein." Das ist Beten: daß ich meine Last abgebe bei meinem Freund und aufatme, weil er es gut mit mir meint.

2. Zu einem Freund darf ich immer kommen

Wenn es stimmt, daß ich mit Gott reden darf wie mit einem Freund – und ich glaube, daß es stimmt –, dann darf ich auch immer zu ihm kommen. Als Jesus einmal mit Freunden über das Beten redet, erzählt er ihnen dies Gleichnis:
Jemand bekommt mitten in der Nacht Besuch. Er will seinem Gast natürlich etwas zu essen anbieten, aber er hat kein Brot mehr. Da steht der Gastgeber wie selbstverständlich auf und geht zu einem Freund, ohne darauf zu achten, wie spät es ist. Wohin sollte er auch sonst gehen? Wenn er an der Tür pocht, wird der Freund ja auch nicht sagen: Laß mich in Ruhe, die Kinder schlafen schon, und ich muß früh aufstehen. Nein, er wird ihm aufmachen, weil er sein Freund ist, und er wird ihm geben, was er braucht.
Beten erlaubt spontane Begegnungen mit Gott mitten im Alltag: Ich kann mit Gott reden, wenn ich an der Haltestelle so lange auf den Bus warten muß, wenn ich vor einer schwierigen Verhandlung bin oder wenn die Kinder mich nerven – manchmal stehe ich eben kurz davor, daß mir der Geduldsfaden reißt, und ich sage: „Herr, halt mich fest."

Ich kann beten, wenn das Martinshorn ertönt und ich weiß: da ist ein Mensch in Gefahr. Zu einem Freund darf ich einfach immer kommen.
Aber nun lebt Freundschaft ja nicht ausschließlich von spontanen Begegnungen, denn die kann ich nur dann riskieren, wenn ich meine Freundschaft pflege. Da gibt es Verabredungen, dann haben wir Zeit füreinander. Haben Sie solche Verabredungen? Vielleicht am Anfang des Tages, noch bevor Sie aufstehen, oder am Abend? Von 24 Stunden 10 Minuten, die nur Gott und Ihnen gehören – Zeit für eine Begegnung mit meinem Freund, die ich will und die er will.

3. Zu einem Freund darf ich mit allem kommen

Bei einer Freundschaft, wo wirklich von Herzen Verbindung ist, habe ich den Eindruck, ich kann alles mitteilen. Meine Frau und ich pflegen eine solche Freundschaft mit zwei andern Ehepaaren. Wir merken uns die Begegnungen immer schon sehr lange im Kalender vor. Das sind sehr ausführliche Abende, die mit einem ausgiebigen gemeinsamen Essen anfangen. Dort beginnt schon ein Gespräch, das dann in aller Regel bis tief in die Nacht geht, und es gibt eigentlich nichts, was wir aussparen: unser Verhältnis zueinander, die Fragen unserer Partnerschaften, unserer Kinder, unseres Berufes, der Politik, unserer Gemeinde – ich weiß gar nicht, wo ich anfangen und aufhören soll –, wir sind einfach völlig offen füreinander.
So darf ich mit Gott reden. Ich darf zu ihm kommen mit meinen schwachen Stellen. Ich darf mit ihm reden über mein Verhältnis zu ihm, über meine Umgebung, über Menschen, die zu mir gehören, die ich liebhabe. Ich rede aber auch mit ihm über die, die mir auf den Wecker gehen. – Ich habe übrigens festgestellt, daß man dann viel leichter mit denen umgehen kann. Mit einem Menschen, für den

Sie täglich beten, können Sie zwar noch unterschiedliche Meinungen haben, aber Sie können nicht mehr richtig boshaft mit ihm streiten – oder Ihr Gebet stimmt nicht.
Ich rede mit Gott über mich selbst wie über meine ganze Umgebung. Ich sage ihm auch, was mir wichtig ist an ihm. Ich darf zu meinem Freund mit allem kommen.

4. Mein Freund nimmt mir Lasten ab

Einmal erzählt Jesus folgendes Gleichnis: Stelle dir vor, ein Sohn bittet seinen Vater um einen Fisch. Kannst du dir vorstellen, daß er ihm eine Schlange gibt? Meinst du im Ernst, Gott wird dich betrügen, wenn du dich an ihn wendest? Nein, Gott betrügt nicht. Wo ich ihm etwas mitteile, nimmt er mir wirklich Lasten ab.
Eine der schönsten biblischen Geschichten dazu ist die von den vier Freunden, die den Lahmen zu Jesus bringen. An jedem Zipfel der Matratze faßt einer mit an, und sie lassen sich eine Menge einfallen, um ihn vor die Füße Jesu zu bringen. Auch den Ärger mit dem Hausbesitzer nehmen sie in Kauf und reißen das Dach auf. Dann erleben sie, wie Jesus ganz anders auf ihre Bitte eingeht, als sie es erwartet hatten. Er vergibt dem Lahmen die Schuld. Schließlich sehen sie, wie er ihn auf die Beine stellt und der Mann seine Matratze selbst nach Hause trägt.
Vielleicht kennen Sie es, wenn eine Gemeinde sich stark macht, für jemanden zu beten. Beten ist nicht eine Sache, die nur mein ganz privates Verhältnis zu Gott betrifft, sondern ist Sache der Gemeinde. Wenn wir unsere Gottesdienste beschließen mit dem Fürbittengebet, erlebe ich manchmal, daß Leute stöhnen und sagen: „Ach, ist das lang!“ – weil sie nicht drin vorkommen. Deshalb habe ich vor kurzem einen Gottesdienst geschlossen, indem ich sagte: „Heute sind wir vor Gott, und wir dürfen ihm jetzt bringen, was uns auf dem Herzen liegt. Wer Gott etwas brin-

gen will, der soll es tun und es laut sagen.“ So öffentlich zu beten sind wir ja nicht gewohnt. Doch dann sagte ich: „Ich denke an die Menschen, die Angst haben.“ Und wir alle sagten: „Herr, erbarme dich.“ Und schon sagte ein anderer: „Ich denke an meine kranke Mutter.“ Und wir alle sagten: „Herr, erbarme dich.“ Nachdem es angefangen hatte, hörte es fast nicht mehr auf: so viele Gemeindeglieder sagten laut, was sie jetzt vor den Herrn bringen wollten.
So brachte eine Gemeinde ihre Anliegen miteinander vor Gott. Es ist eine ganz wunderbare Erfahrung, wenn man miteinander die Krankenbetten vor Gott bringt und erlebt, wie uns unser Freund die Lasten abnimmt! Das ist echte Fürbitte in der Gemeinde: daß ich erhobenen Hauptes nach Hause gehen kann, weil ich meine Lasten abgegeben habe.

5. Mein Freund bringt mich zurecht

Aber nun kann ich mir denken, daß jemand sagt: „Busch, das klingt mir alles viel zu einfach. Hast du eigentlich nie gehört, daß Gott schweigt, daß da keine Antwort ist, daß die Lasten immer noch drücken?“ Doch, das kenne ich auch. Darum lassen Sie mich ein letztes sagen, was mir bei dem Beten für mich selber ganz wichtig ist.
Wissen Sie, Freundschaft bewährt sich ja in der Konfliktsituation. Wenn immer Schönwetter ist, ist eine Freundschaft leicht zu halten. Aber was tun Sie eigentlich, wenn Sie entdecken, daß Ihr Freund Wege geht, von denen Sie genau merken, daß sie falsch sind? Haben Sie schon mal versucht, ihm das zu sagen? Ich kenne Freundschaften, die daran zerbrochen sind. Ich kenne auch Freundschaften, die daran gewachsen sind.
Es gibt Menschen, die beim Beten auf das Schweigen Gottes gestoßen sind und ihm die Freundschaft aufgekündigt haben. Ich kenne solche und weiß, daß sie oft in noch viel größere Finsternis kamen. Ich konnte sie dann nicht mehr

erreichen. Ich kenne aber auch andere, die an diesem Schweigen Gottes gewachsen sind, weil sie gerade in seinem Schweigen nicht aufgehört haben, ihn zu suchen.
Doch auch dann, wenn er schweigt oder nicht das tut, worum wir ihn bitten, sind wir ja nicht allein. In Lukas 22 wird uns erzählt, daß unser Herr Jesus selber von Herzen gebetet hat: „Vater, ich will es nicht. Ich will nicht sterben. Ich will mir diese Last nicht aufladen." Er hat im Gebet so gekämpft, daß – so heißt es – sein Schweiß wie Blutstropfen war, doch der Vater hat sich nicht gebeugt. Am Ende sagt Jesus: „Aber nicht mein, sondern dein Wille geschehe." Und dann wird berichtet: „Da kam ein Engel und stärkte ihn."
Merken Sie, was da geschieht? Da bringt der Freund den andern zurecht und macht ihm klar, wohin sein Weg geht. Und er läßt ihn diesen schweren Weg nicht allein gehen.
An dieser Stelle wird das Bild vom Freund sehr weit; es wird deutlich, daß Gott mehr ist als ein Freund. Man müßte genauer sagen: Er ist ein väterlicher Freund. Gott sieht oft weiter als ich, und darum erlebe ich im Beten, daß er mich zurechtbringt. Die Schule zu diesem Zurechtbringen hat Jesus uns in seinem Gebet gegeben, das eben so beginnt: „Dein Name werde geheiligt, dein Reich komme, dein Wille geschehe." Ich muß mir das immer wieder klarmachen, weil ich sehr viel lieber bete: „Mein Name soll groß werden, meine Macht soll sich ausweiten, bitte tu, was ich will." Aber eben dann, wenn ich das ganz schwer beten kann, dann brauche ich Freunde, Brüder, Schwestern – Gemeinde, die für mich vor Gott eintritt, an meinem Bettzipfel mit anfaßt und mich so lange vor Gott bringt, bis er mich wieder auf die Beine stellt. Das kann er nicht nur. Das will er auch.

VIER

Neues Land betreten

Versprochen ist versprochen

Wir hatten eine Gemeindewoche in einer kleinen Stadt. Das Thema, das die Mitarbeiter erarbeitet hatten, lautete: „Auf Gottes Liebe ist Verlaß!“ Als symbolisches Motiv dazu hatte ein Graphiker der Gemeinde ein Kreuz aus zwei Teilen des Regenbogens entworfen. Er sagte: „Der Regenbogen und das Kreuz, das sind in der Bibel die beiden Zeichen der Treue Gottes.“ Wenn wir sagen: „Auf Gottes Liebe ist Verlaß!“, dann wollen wir ein Signal der Treue Gottes setzen.

Nun hingen überall in der Stadt die großen Plakate mit der Aufschrift: „Auf Gottes Liebe ist Verlaß!“ Die Mitarbeiterinnen und Mitarbeiter machten Hausbesuche von Tür zu Tür und luden ein. Dabei gaben sie überall den Handzettel mit den Themen der Woche ab, auf dem noch einmal stand: „Auf Gottes Liebe ist Verlaß!“

Unversehens geschah das, was man sich bei einer solchen Einladungsaktion wünscht: Der Satz wurde Stadtgespräch. Überall wurden Mitarbeiter der Gemeinde ins Gespräch gezogen, selbst an den Schulen wurde unser Plakat besprochen. In allen Gesprächen ging es um das eine: Kann man sich auf Gott verlassen? Hält Gott, was er zusagt?

Woher nehme ich eigentlich so steile Sätze? Ich lese einige Verse aus einem Brief, der an eine junge Gemeinde im ersten Jahrhundert geschrieben wurde:

> Was von Anfang an war, was wir gehört haben, was wir gesehen haben mit unsern Augen, was wir betrachtet haben und unsre Hände betastet haben, vom Wort des Lebens – und das Leben ist erschienen, und wir haben gesehen und bezeugen und verkündigen euch das Leben, das ewig ist, das beim Vater war und uns erschienen ist –, was wir gesehen und gehört haben, das verkündigen wir auch euch, damit auch ihr mit uns Gemeinschaft habt; und unsere Gemeinschaft ist mit dem Vater und mit seinem Sohn Jesus Christus. Und das schreiben wir, damit unsere Freude vollkommen sei.
>
> 1. Johannes 1,1-4

Das frühe Zeugnis der Christen enthält drei Aussagen, die erkennen lassen, worauf Sie sich bei Gott verlassen können. An ihnen will ich aufzeigen,
- was Gott versprochen hat,
- wie Gott Versprechen erfüllt hat
- und wie man die Wirklichkeit seiner Worte erfährt.

Ich lade Sie also ein auf einen Weg, weil ich mir wünsche, daß Sie sich ganz neu auf Gottes Wort einlassen.

1. Gottes Wort ist ein Wort zum Anfassen

Wenn einer viele Worte macht, und es passiert nichts, dann sagt man gern: „Viele Worte, aber nichts dahinter. Er drischt leeres Stroh! Es kommt nichts dabei heraus.“
Gott drischt nicht leeres Stroh! Wenn Gott ein Wort sagt, dann hat sein Wort im wahrsten Sinne des Wortes Hand und Fuß, denn er selbst steht dahinter. Darum kommt etwas dabei heraus! Darum ist es ein Wort zum Anfassen.

Was hat Gott denn versprochen?
Jesaja sagt: „Das Volk, das im Finstern wandelt, sieht ein großes Licht, und über denen, die da wohnen im finstern Lande, scheint es hell“ (Jesaja 9,1). Gott verspricht seinem Volk Zukunft und Hoffnung! Schnell entgegnen die Kritiker: „Leeres Stroh, nichts dahinter.“ Sie sagen es, weil sie Erfüllung sofort wollen. Darin hat sich der Sinn der Menschen überhaupt nicht verändert. Damals wie heute heißt es: Genuß sofort! Aber Gott läßt sich Zeit. Gott ist nicht wortbrüchig! Bei ihm wachsen die Dinge und reifen die Worte.
„Als aber die Zeit erfüllt war, sandte Gott seinen Sohn, geboren von einer Frau und unter das Gesetz getan, damit er die, die unter dem Gesetz standen, erlöste und wir als Kinder angenommen würden“ (Galater 4,4-5). So geschieht es dann, daß die Nacht hell wird – taghell wird die Nacht über Bethlehem. Die Hirten, Menschen, die am Rande der Gesellschaft waren, hörten es zuerst: „Euch ist heute der Heiland geboren! Ihr werdet finden ein Kind in Windeln gewickelt und in einer Krippe liegend.“ Wahrhaftig: Gottes Wort ist ein Wort zum Anfassen, es hat Hand und Fuß. So nahe kommt Gott in unser Leben. – Zum Anfassen? Kann man seine Wirklichkeit so erfahren?
Bei einer Ansprache auf einem missionarischen Gemeindeabend hatte ich den Eindruck, daß ich den ganzen Abend wie in Watte hineinspreche. Nichts, so meinte ich, konnte sich bewegen. Schließlich wollte ich enttäuscht nach Hause fahren, denn allem Anschein nach hatte sich tatsächlich nichts bewegt. Dabei hatte es ein missionarischer Abend sein sollen.
Eine Frau fragte noch nach einer Gruppe, mit der sie die Bibel lesen könnte. Ich gab ihr eine kurze Antwort. Auf der Heimfahrt ging es mir durch den Kopf: „Warum wird oft so wenig erkennbar von der Gegenwart Gottes?“
Viele Monate später spricht mich eine Frau bei einem

Treffen vieler Christen an. Ich erkenne sie nicht. Sie hilft mir auf die Sprünge, und da erinnere ich mich gleich an meine tiefe Enttäuschung an jenem Abend. Ich frage sie, ob sie denn nun eine Gruppe gefunden habe. „Ja", sagt sie, „ich habe eine Gruppe gefunden und gehöre dazu." Dann geht ein Strahlen über ihr Gesicht, und sie sagt: „Das Schönste wissen Sie nicht. Ich habe Ihnen damals verschwiegen, daß ich Alkoholikerin bin. Ich habe zu der Zeit unglaublich viel getrunken. Ich wollte Ihnen heute nur berichten: Seit dem Abend trinke ich nicht mehr. Die letzte Flasche habe ich weggeworfen. Gott sei Dank!"
Da meinte ich, es sei überhaupt nichts geschehen, und dann handelt Gott im Verborgenen und macht einen Menschen frei. Wahrhaftig, Gottes Wort ist ein Wort zum Anfassen – worauf Sie sich verlassen können!

2. Gottes Wort ist ein Wort, das Leben schenkt

Nirgendwo setzt die Werbung lieber bei als an der Sehnsucht des Menschen nach einem erfüllten Leben. Wer wünscht sich das eigentlich nicht?
Da stehe ich vor einem Geldinstitut; an der einen Hausseite hängt ein Plakat mit dem Werbespruch: „Wir machen den Weg frei", und man sieht ein junges Pärchen auf einem Motorrad davonbrausen. An der anderen Seite hängt ein Plakat mit der Aufschrift: „Wir öffnen neue Horizonte"; der Horizont scheint durchbrochen, und dahinter werden Bilder von Träumen wahr. Nicht wenige Menschen fallen auf solche und andere Werbungen herein. Wo immer in unserer Gesellschaft das Leben angeboten wird, laufen Menschen ihnen nach.
Was haben wir Christen eigentlich falsch gemacht, daß viele Menschen in unserem Land dem christlichen Glauben den Rücken kehren, als gäbe es keine Botschaft Gottes zum Leben? Gottes Wort ist ein Wort, das Leben schenkt.

„Wir verkündigen euch das Leben, das uns erschienen ist", sagt Johannes. Wenn Menschen aber dennoch das Leben suchen, muß es doch irgendwo verlorengegangen sein.
Das Leben geht verloren und zerbricht immer da, wo wir uns im Mißtrauen gegen Gott von ihm abwenden und das Leben selber in die Hand nehmen. Als die Bibel in der Geschichte von Adam und Eva zum erstenmal vom Zerbrechen der Gemeinschaft zwischen Gott und den Menschen spricht, steht eine klare Weisung Gottes im Mittelpunkt: „Was gut und böse für euch ist, das laßt mich entscheiden." Dieses Wort Gottes bewirkt aber nicht Vertrauen, sondern Mißtrauen – als wollte Gott seinen Menschen etwas vorenthalten, was er ihnen nicht gönnt. Darum greifen Adam und Eva nach der Frucht des Baumes der Erkenntnis des Guten und Bösen.
Sie werden nicht belohnt. Denn als sie sich vergriffen haben, erkennen sie nur, daß sie nackt sind. Die Konsequenz des Mißtrauens, das Abwenden von der Liebe Gottes, nennt die Bibel *Sünde.* Ich rede jetzt nicht von Moral. Denn was da zu nennen wäre, die Folgen der Trennung von Gott, das nennt die Bibel *Schuld.*
Sünde dagegen ist der lebensbedrohende, ja lebensvernichtende Schritt der Trennung des Menschen von Gott. Wer vor Gott davonläuft, läuft ins Elend. Aber Gott will nicht den Tod des Sünders, sondern Gott will, daß der Sünder sich bekehrt und lebt (vgl. Hesekiel 18,23).
Gott verspricht Leben! In einer kühnen Schau stellt Jesaja denen, die auf Befreiung hoffen, ein Bild vor Augen: „Fürwahr, er trug unsere Krankheit und lud auf sich unsere Schmerzen. Er ist um unserer Missetat willen verwundet und um unserer Sünde willen zerschlagen. Die Strafe liegt auf ihm, auf daß wir Frieden hätten, und durch seine Wunden sind wir geheilt" (Jesaja 53,4a.5).
Leeres Stroh? – Nichts dahinter?
Wir kehren noch einmal zum letzten Punkt zurück, wo es

hieß, Gottes Wort sei ein Wort zum Anfassen. Sie wissen, daß der Sohn Gottes – Gottes Wort mit Hand und Fuß – nicht in der Krippe geblieben ist. Er wurde ein Mann. Er bezeugte Gottes Liebe vor jedermann und jederfrau. Er rührte Kranke und Gebundene an und machte sie heil und frei.

Am Ende finden wir ihn – tief in der Nacht – in einem dunklen Garten. Er betet. Er bettelt den Vater an: „Vater, nimm den Kelch von mir." Jetzt soll er, der sich nie vom Vater getrennt hat, in die tiefste Gottestrennung gehen, um Ihre und meine Trennung vom Vater auszubaden. Er geht in die äußerste Trennung von Gott, damit er den letzten Sünder von dort wegholt. Er nimmt die Last auf sich. Er wird angenagelt ans Kreuz wie der schlimmste Verbrecher. Gott läßt sich annageln. Daran macht Gott sich fest, daß seine Liebe zu jedem von uns nicht zu zerbrechen ist. „Denn so sehr hat Gott die Welt geliebt, daß er seinen eingeborenen Sohn gab, damit alle, die an ihn glauben – ihm vertrauen –, nicht in der Gottestrennung bleiben, sondern das ewige Leben haben" (Johannes 3,16).

Nun erlebe ich immer wieder, daß Menschen mich fragen: Ich höre das wohl, aber woher weiß ich, daß es mir gilt? – Ich nehme an, daß die meisten unter uns getauft sind. Wenn ich Sie jetzt frage, ob Sie Ihren Tauftag kennen, dann werden sicherlich nicht wenige in Verlegenheit kommen. Das ist schade, denn es ist das Datum, an dem Sie sich zuzeiten des Zweifels festmachen dürfen, weil es der Tag ist, an dem Jesus Christus seinen Namen mit dem Ihren verbunden hat.

Es möchte durchaus sein, daß jemand sich an diesem Satz ärgert. Immerhin geht es darum, ob er nicht sogar sein Heil verliert, wenn er seine Taufe ausschlägt. Denn was er damit verweigert, ist Gottes persönliche Liebeserklärung an ihn. Wer dagegen das Leben sucht und zweifelnd fragt, ob

ihm die Liebe Gottes gilt, den erinnere ich heute an seine Taufe. Jesus Christus nimmt sein Wort nicht zurück!
Warum rede ich eigentlich jetzt von der Taufe? In ihr wird deutlich: Mein Heil hängt nie und nimmer an meiner Entscheidung, sondern an Gottes großmütiger Entscheidung für mich.
Wenn Sie jetzt traurig sagen, daß Sie diesen Bund gebrochen hätten, dann können Sie sich auch heute Gott neu zuwenden und den Taufbund erneuern mit den Worten eines alten Taufliedes:

„Ich gebe dir, mein Gott, aufs neue
Leib, Seel und Herz zum Opfer hin;
erwecke mich zu neuer Treue
und nimm Besitz von meinem Sinn.
Es sei in mir kein Tropfen Blut,
der nicht, Herr, deinen Willen tut.“
Johann Jakob Rambach, EKG 152,5

Gottes Wort ist ein Wort, das Leben schenkt – worauf Sie sich verlassen können!

3. Gottes Wort ist ein Wort, das zusammenbringt

„Was wir gesehen und gehört haben“, sagt Johannes, „das verkündigen wir euch, damit auch ihr mit uns Gemeinschaft habt“ – Tischgemeinschaft!
Sie kennen sicherlich den Satz: „Das Tischtuch zwischen uns ist zerschnitten.“ Damit meint man, daß man nichts mehr miteinander zu tun hat. In Jesus Christus hat Gott ein neues Tischtuch zwischen sich und uns aufgelegt, damit wir mit ihm und untereinander Gemeinschaft haben.
Wenn Johannes „Gemeinschaft“ sagt, dann meint er damit sowohl die Gemeinschaft mit Gott als auch die der Gemeinde untereinander.

Wir sind wieder da, wo wir als Geschöpfe Gottes hingehören, denn er „schuf den Menschen zu seinem Bilde, zum Bilde Gottes schuf er ihn“ (1. Mose 1,27). Wir sind wieder Gottes Gegenüber. Welch eine Freude, wieder zu Hause zu sein! Kein Graben, keine Mauer, kein Hindernis mehr zwischen uns und dem lebendigen Gott. Wer Jesus Christus vertraut, hat Gemeinschaft mit dem Vater!
Johannes meint aber auch die Gemeinschaft mit all denen, die Gott liebhaben. Wir, die wir zu Jesus Christus gehören, gehören zusammen als eine Gemeinde.
Gottes Wort bringt zusammen! Wer zu Jesus gehört, gehört auch zur Gemeinde und hat Brüder und Schwestern. Das ist eine wunderschöne Entdeckung. Aber es gilt auch die Kehrseite: Wer die Gemeinde, wer Brüder und Schwestern verläßt, droht den Hirten dieser Herde (vgl. Johannes 10,11ff) zu verlieren. Damit dies nicht geschieht, lade ich Sie heute ein, Jesus Christus zu vertrauen.
Er ist Gottes Wort zum Anfassen.
Er ist Gottes Wort, das Leben schenkt.
Er ist Gottes Wort, das Gemeinschaft schenkt.
Wagen Sie doch eine Antwort, denn Gott hält Wort – worauf Sie sich verlassen können!

Gebet

„Herr, auf ewig mir gewähre,
daß ich ganz dir angehöre;
daß kein anderer die Rechte,
die du auf mich hast, anfechte;
daß ich dich voll Hoffnung fasse,
nie von dir mich trennen lasse.
Du bist Burg und Zufluchtsstätte,
sichrer Hafen, Ankerkette.“

Johann Amos Comenius

FÜNF
Können Sie ihm folgen?

Worauf sich Gott verlassen will

Wenn man schon eine Zeitlang zur christlichen Gemeinde gehört, gewöhnt man sich auch an das Christsein und wird mit manchem leider ziemlich nachlässig. Dabei verkommt der Glaube und die Nachfolge oft zu einem frommen Getue. Manchmal habe ich sogar den Eindruck, daß wir bis in unsere engsten Kreise hinein Theater spielen. Wir wissen, wie das geht. Wir sind ja in einem frommen Elternhaus aufgewachsen, haben am Gemeindeleben teilgenommen – und haben verlernt, daß Jesus uns in die Nachfolge ruft.
Ein junger Mann, der schon eine ganze Weile dazugehörte, sagte mir vor kurzem: „Also wissen Sie, den Zuspruch, die Begleitung Gottes und auch die Vergebung, das möchte ich wohl ganz gerne haben.“ Und dann zählte er etliche Dinge auf, die ihn eigentlich sehr bedrückten, an denen er aber nichts verändern wollte. Bei solchen Gesprächen habe ich den Eindruck, es wird über Glaube und Nachfolge verhandelt, wie wenn die Kellnerin im Café fragt, ob ich den Apfelkuchen mit oder ohne Sahne haben will – nach dem Motto: „Ich leb' ja sowieso, und jetzt werde ich mal sehen, ob ich den Herrn Jesus dazunehme oder nicht.“
So kann man mit Jesus nicht umgehen. Ihn habe ich entwe-

der ganz oder gar nicht. Man kann es besser noch umgekehrt sagen: Er hat mein Leben ganz oder überhaupt nicht. Er hat nicht gesagt, er sei die Verzierung, die Sahne zum Kuchen, sondern er hat gesagt: „Ich bin das Brot des Lebens." Brot ist die Grundnahrung. Und das, sagt Jesus, bin ich. Wer wirklich den Zuspruch und die heilende Vergebung Jesu in Anspruch nehmen und für sein Leben geltend machen will, kommt hier in einen ganz und gar neuen und anderen Machtbereich, in ein neues Kraftfeld.
Ich möchte mit Ihnen anhand eines Bibelwortes darüber nachdenken, welche Schritte wir denn mit Jesus in der Nachfolge gehen können.

> Und als sie auf dem Wege waren, sprach einer zu ihm: Ich will dir folgen, wohin du gehst. Und Jesus sprach zu ihm: Die Füchse haben Gruben, und die Vögel unter dem Himmel haben Nester; aber der Menschensohn hat nichts, wo er sein Haupt hinlege.
> Und er sprach zu einem andern: Folge mir nach! Der sprach aber: Herr, erlaube mir, daß ich zuvor hingehe und meinen Vater begrabe. Aber Jesus sprach zu ihm: Laß die Toten ihre Toten begraben; du aber geh hin und verkündige das Reich Gottes!
> Und ein andrer sprach: Herr, ist will dir nachfolgen; aber erlaube mir zuvor, daß ich Abschied nehme von denen, die in meinem Haus sind. Jesus aber sprach zu ihm: Wer seine Hand an den Pflug legt und sieht zurück, der ist nicht geschickt für das Reich Gottes.
>
> Lukas 9,57-62

Drei kurze Gespräche mit Menschen, die Jesus begegnen. Drei kurze Gespräche, in denen es um Schritte in der Nachfolge geht. Drei Einladungen Jesu mit einem unglaublichen Maß an Verbindlichkeit. – Schritte in der Nachfolge haben es offenbar gerade damit zu tun.
Nun ahne ich schon, daß jemand wieder sagt: „Siehst du, jetzt wird er gesetzlich." Ich weiß, daß zwischen Verbindlichkeit und Gesetzlichkeit ein ganz schmaler Grat besteht. Verbindlichkeit ohne Liebe wird zur Gesetzlichkeit. Am

besten kann ich es wohl verdeutlichen anhand eines Bildes: Wenn ich meine Frau nicht liebhätte, wäre meine Ehe ein Gefängnis, und es wäre blanke Gesetzlichkeit, daß ich sie nicht breche. Weil wir uns liebhaben und verbindlich einander unsere Liebe zugesagt haben, empfinden wir unsere Verbindlichkeit überhaupt nicht als Fessel, sondern als einen großen Freiraum, den Gott uns gewährt.
Ebenso verhält es sich mit der Nachfolge Jesu. Jesus zwingt niemanden in seine Nachfolge. Wer sie aber in der Freiheit des Glaubens eingeht, trifft keine Zufallsentscheidung, die für ein paar Stunden gilt oder für den Sonntag oder für den Abend in der Gemeinde. Man kann nicht ins Wasser springen und an der Absicht festhalten, nur nicht naß werden zu wollen. Was Jesus denen sagt, die ihm nachfolgen wollen, möchte ich jetzt mit Ihnen durchdenken.

1. Wer nachfolgt, muß loslassen können

Es kommt also jemand zu Jesus und sagt zu ihm: „Herr, ich will dir nachfolgen." – Wenn zu unserem Pfarrer oder zu einem Mitarbeiter in der Gemeinde jemand kommt und sagt: „Ich möchte Jesus nachfolgen", dann freuen wir uns, und wir sind gern bereit, auch einige Rabatte zu geben, damit er uns jetzt nur nicht wieder wegläuft. Wir bauen dann halt gern ein paar Brücken...
In unserem Text dagegen hat man den Eindruck, Jesus haut dem Mann quasi mit dem Hammer auf den Kopf. Er ist bereit, bei Jesus zu bleiben, aber dieser verschreckt ihn und sagt: „Okay, das kannst du zwar tun. Aber bedenke, daß ich noch nicht einmal eine feste Wohnung habe. Wenn du mir nachfolgst, läßt du dich auf ein beträchtliches Stück Ungeborgenheit ein."
Ein junges Ehepaar meldet sein Kind zur Taufe an. Der Pfarrer kommt zum Gespräch, das geht bis tief in die Nacht. Es folgt ein zweites, und es wird ganz schön span-

nend. Über dem Taufgespräch für ihr erstes Kind kommen die beiden jungen Leute zum verbindlichen Glauben. Sie gehören noch fest zur Dorfclique, die sich jeden Sonntag im Gemeinschaftshaus zum Stammtisch und darüber hinaus – zusammen mit den Kindern – auch noch einige Male in der Woche trifft. Nun sagen die beiden: „Sonntags morgens zum Stammtisch können wir erst etwas später kommen, denn wir gehen jetzt sonntags zum Gottesdienst." Mutig. „Diestags abends", sagen sie, „kommen wir überhaupt nicht, denn da gehen wir zum Hauskreis der Gemeinde." Schweigen in der Clique. Dann sagt der Wortführer: „Wenn ihr so halbe Sachen macht, könnt ihr auch gleich bleiben, wo der Pfeffer wächst. Bei uns ist kein Platz mehr für euch." – Diese Geschichte ist nicht erfunden, sondern vor zwei Jahren so geschehen.
Auf einmal also entdecken zwei Leute: Wer Jesus nachfolgt, gerät in dieser Welt zwischen alle Stühle. Er wird heimatlos. Doch woran liegt das? Dietrich Bonhoeffer sagt, im Blick auf Jesus sei Nachfolge der Weg der Selbstverleugnung, der Weg völliger Liebe, völliger Reinheit, völliger Wahrhaftigkeit, völliger Gewaltlosigkeit. Wer diese Aufzählung nachbuchstabiert, wird bald verstehen können, warum man in der Nachfolge heimatlos wird. Es handelt sich nämlich um lauter Maßstäbe, die die Ziele dieser Welt auf den Kopf stellen und ihnen genau entgegenlaufen. Das Interesse dieser Welt orientiert sich am Sammeln, Gewinnen, an der Machtausübung und Durchsetzungskraft. Liebe, Reinheit, Wahrhaftigkeit und Gewaltlosigkeit, wie Dietrich Bonhoeffer sagt, haben hier kaum Platz. Wer Jesus nachfolgt, muß eine Menge loslassen können.

2. Wer nachfolgt, sagt der Herrschaft des Todes ab

In der zweiten Begegnung lädt Jesus jemand anderen dazu ein, ihm nachzufolgen, und dieser ist auch dazu bereit.

Doch er fügt hinzu: „Laß mich doch eben meinen Vater noch beerdigen." Für einen Juden ist das eine heilige Pflicht. Jesus aber sagt: „Laß die Toten ihre Toten begraben. Gehe du hin und verkündige das Reich Gottes. Sage die Herrschaft Gottes über den Tod an und laufe nicht den Toten nach."

Sicherlich wäre es verkehrt, von diesem Gespräch abzuleiten, daß wir keine Beerdigung mehr begleiten und unsere Lieben nicht mehr begraben dürften. Aber was meint dieses scharfe Wort? Es bezeichnet einen ganz wesentlichen Schritt, den ich in unseren Tagen und in unserer Gesellschaft für nötiger halte als manches andere.

Vor einiger Zeit habe ich einen väterlichen Freund beerdigt. Er ist 86 geworden. Als er 83 war und ich ihm bei einem Gottesdienst begegnete, sagte er zu mir: „Du, mit mir geht es zu Ende. Aber wenn ich sterbe, dann bitte ich, daß du mich beerdigst. Sorge dafür, daß kein anderer sonstwelchen Quatsch über mich redet. Und du, rede von dem, der das Leben gebracht hat, und nicht von mir."

Es ist eine unglaublich beeindruckende Beerdigung geworden, über der nicht der Tod das Wort hatte, sondern der Auferstandene.

Christen sagen der Macht des Todes ihren Anspruch ab und dienen ihm nicht. In der Kirchengeschichte kann man lesen, daß es in den Ostergottesdiensten der Urgemeinde so etwas wie das Ostergelächter gegeben hat. Man hat gelacht, weil man den Tod verhöhnte. Der Tod ist der Sünde Sold, aber Gott hat ihm im Gekreuzigten und Auferstandenen den Schneid abgekauft. Die Gabe Gottes ist das ewige Leben durch unseren Herrn Jesus Christus. Darum hat Christoph Blumhardt recht, wenn er sagt, Christen sind allenthalben, wo sie auftreten, Protestleute gegen den Tod. Und das leben wir dann. Wir können an dem Totenkult unserer Gesellschaft nicht mehr teilhaben!

Als meine Mutter mit 48 Jahren starb, ging mein Vater am

Tage nach der Beerdigung mit uns Kindern an ihr Grab und sagte: „Wenn ihr eure Mutter sucht, dann sucht sie nie hier, sie ist nicht da. Wir ehren diese Stätte, weil hier das Haus gestanden hat, in dem sie gewohnt hat. Eure Mutter hat ein besseres Haus – beim Vater im Himmel."
Erst viel später, als ich selber für mich die Bibel las, habe ich entdeckt, daß er uns Kindern so mit seinen Worten 2. Korinther 5 wiedergegeben hatte. Dort heißt es in Vers 1: „Denn wir wissen: wenn unser irdisches Haus, diese Hütte, abgebrochen wird, so haben wir einen Bau, von Gott erbaut, ein Haus, nicht mit Händen gemacht, das ewig ist im Himmel."
Wir brauchen auch keine Angst mehr zu haben vor unserem eigenen Sterben. Wohl wird es nicht leicht sein, loszulassen – die loszulassen, die wir liebhaben. Ich gestehe offen, daß ich selbst nicht weiß, wie ich da durchkomme. Sicher nicht ohne Tränen. Aber ich weiß, wohin es geht. Deshalb braucht mir der Tod keine Angst zu machen, und das wird sich auch im Alltag niederschlagen. Wir können uns nicht daran beteiligen, daß leichtfertig ungeborenes Leben abgetrieben wird. Christen sind Protestleute gegen den Tod. Aber auch mit Reden ist es nicht getan. Wer denn einer Mutter Mut macht, ihr Kind auszutragen, auch wenn sie gar nicht weiß, wie sie es ernähren und aufziehen soll, wird als Gemeinde und als Jünger Jesu aktiv Verantwortung übernehmen müssen, wenn das Kind geboren ist. *So* sind wir an dieser Stelle in konkreten Schritten Protestleute gegen den Tod.
Wir gehören dem Auferstandenen. Und ihm folgen wir und sagen der Herrschaft des Todes, wo immer wir ihr begegnen, den Kampf an.

3. Wer nachfolgt, richtet sich aus auf den kommenden Herrn

„Die Herren dieser Welt gehen, unser Herr kommt“, sagt Gustav Heinemann. In der Tat behalten die Herren dieser Welt ihre Macht nicht. Sie ist in der Hand dessen, der kommt, und auf ihn richten wir uns aus.
Der dritte, der Jesus nachfolgen will, sagt: „Herr, laß mich doch bitte meiner Familie noch Lebewohl sagen. Ich will dir dann auch sofort folgen.“ Und wieder sagt Jesus ein radikales Wort: „Wer seine Hand an den Pflug legt und zurückschaut, ist nicht geeignet zur Nachfolge.“ Was meint Jesus mit diesem Bild? Es ist uns ja weitestgehend verlorengegangen, da von uns wohl kaum noch jemand pflügt!
Ich erinnere mich noch gut daran, wie ich vor etwa 45 Jahren mit meinem Großonkel auf der Schwäbischen Alb gepflügt habe. Das heißt: gepflügt habe eigentlich nicht ich, sondern er. Ich ging neben ihm her, und er führte ein Gespann von zwei Kühen, die den Pflug zogen. Dann erklärte er: „Sieh mal, hier ist der Markstein, da fängt mein Feld an. Jetzt ziehen wir die erste Furche und fahren auf den Pfahl dort hinten am Ende des Feldes zu. Die erste Furche ist die wichtigste! Ich schaue mich jetzt überhaupt nicht um, sondern achte nur darauf, daß ich zu dem Pfahl komme. Du wirst sehen, daß die Furche dann gerade ist!“
Immer wenn ich unseren Text aus dem Lukasevangelium lese, fällt mir diese Begebenheit ein. Wer seine Hand an den Pflug legt und zurückschaut, fährt Zickzack, und alles wird krumm und schief. Wer ein Ziel hat, auf das er zufährt, muß sich um das, was hinter ihm liegt, überhaupt nicht kümmern. Es wird von allein gerade, weil er ein Ziel hat.
Wie läßt sich das im Alltag umsetzen? Ich kann zum Beispiel meinen Tag damit beginnen, daß ich Jesus meine Termine sage. Ich kann ihm von meinen Sorgen berichten

und ihm die Namen der Menschen nennen, die mir auf den Geist gehen. Am Ende erzähle ich ihm dann von meinen Begegnungen und beschließe mit ihm den Tag.
Nun möchte es sein, daß jemand erwidert: „Du sagst das so, aber manchmal schaffe ich es einfach nicht und verliere das Ziel aus den Augen.“ Darum stellt Gott niemanden auf der Welt allein in seine Nachfolge. Wer Jesus nachfolgt, hat immer Geschwister. Er steht in einer Gemeinde, und wenn Sie ihn aus den Augen verloren haben, dann verlassen Sie bitte nicht seine Gemeinde, sondern fassen Sie sie links und rechts noch fester. Bleiben Sie bei denen, die mit Ihnen auf dem Weg sind und auf den gleichen Pfahl, das gleiche Kreuz, den gleichen Herrn zufahren.

SECHS
Zuhause sein für andere

Nehmen Sie doch Platz!

In einem kleinen Dorf unserer Rheinischen Kirche hatte ich einen Mitarbeiterabend. Nach einigem Fragen fand ich das alte und in manchem renovierungsbedürftige Gemeindehaus. Als ich darauf zuging, fiel mir als erstes ein aufmerksam gestalteter Schaukasten auf. Gute, aktuelle Informationen, kein Museum!
Ich ging weiter die alte Treppe hinauf zur Tür. Auf dem Treppenpodest eine üppig blühende Blumenschale.
Als ich in das Haus eintrete, empfängt mich ein einladender Flur. Freundliche Beleuchtung, geschmackvolle Bilder, eine sorgfältig gebügelte Decke, ein kleiner Büchertisch – und dann er! Ein überaus freundlicher Mann kommt auf mich zu, nennt seinen Namen und sagt: „Ich bin der Hausmeister. Ich nehme an, Sie sind Herr Busch. Wir freuen uns, daß Sie kommen. Kommen Sie doch herein." Und er nimmt mich mit in einen Raum, der eine einladende und wohnliche Atmosphäre ausstrahlt. Ich bin überrascht über diesen freundlichen Empfang und sage: „Wie schön Sie dieses alte Haus eingerichtet haben!" Da strahlt der Mann und sagt: „Muß ich doch, sind doch alles meine Gäste, die hier hereinkommen." – Welch ein Hausmeister!

Wir haben noch Zeit. Noch sind die Mitarbeiterinnen und Mitarbeiter nicht da. Der Mann beginnt zu erzählen. Ich lerne einen Menschen kennen, den Jesus ergriffen und der seinem Ruf geantwortet hat. Er hat seinen erlernten Beruf aufgegeben und nimmt nun den Hausmeisterdienst wahr. Auch den Schaukasten gestaltet er. Er weiß sich als Gastgeber der ganzen Gemeinde. Kein Wunder, daß die Gemeindeglieder gern in dieses Haus kommen. Kein Wunder, daß wir einen Abend erleben, an dem etwas deutlich wird von der Gegenwart Jesu. Hier ist ein Haus, in dem Menschen sind, die wollen, daß Gemeinde sich wohl fühlt. Hier ist ein Haus, in dem Menschen sind, die wollen, daß Jesus hier wohnt!
Warum erzähle ich das so ausführlich? Das Bibelwort, das uns heute leiten soll, spricht von ebendemselben: Jemand antwortet dem Ruf Jesu, nimmt seinen Platz in der Gemeinde ein – und es wird Raum für Jesu Gegenwart!

> So legt nun ab alle Bosheit und allen Betrug und Heuchelei und Neid und alle üble Nachrede und seid begierig nach der vernünftigen lauteren Milch wie die neugeborenen Kindlein, damit ihr durch sie zunehmt zu eurem Heil, da ihr ja geschmeckt habt, daß der Herr freundlich ist. Zu ihm kommt als zu dem lebendigen Stein, der von den Menschen verworfen ist, aber bei Gott auserwählt und kostbar. Und auch ihr als lebendige Steine erbaut euch zum geistlichen Hause und zur heiligen Priesterschaft, zu opfern geistliche Opfer, die Gott wohlgefällig sind durch Jesus Christus. Darum steht in der Schrift (Jesaja 28,16):„Siehe, ich lege in Zion einen auserwählten, kostbaren Eckstein; und wer an ihn glaubt, der soll nicht zuschanden werden.“
>
> 1. Petrus 2,1-6

Drei Gedanken möchte ich zu der Frage anführen, wie sich eine solche Gemeinde aufbaut:

1. Den Ruf Jesu beantworten

Mitten in diesem Wort aus dem 1. Petrusbrief steht der Ruf: „Kommt zu ihm, dem lebendigen Stein, der von den

Menschen verworfen, aber bei Gott auserwählt und kostbar ist“ (Vers 4).

Im Bild des Bauplatzes redet unser Bibelwort von dem, der Grund und Anfang aller Gemeinde ist. Von ihm hat Jesaja schon gesagt, er sei der Eckstein in Zion: „Wer an ihn glaubt, der soll nicht zuschanden werden“ (Vers 6).

Unser Text gibt auch Hilfestellung zur Frage, wie man dies Kommen vollzieht: „Legt ab – und verlangt nach dem Wort, der vernünftigen lauteren Milch!“ (Verse 1 u. 2).

„Legt ab!“ – Welch ein Vorrecht derer, die zu Jesus kommen! Da hört das Schleppen auf. Zusammengebrochene werden aufgerichtet, Gebundene werden frei. Da wird man Lasten los!

Aus einer ganz schwierigen Zeit als Bundesminister der Verteidigung schreibt Hans Apel in seinem politischen Tagebuch: „Wer hilft mir, meine Lasten zu tragen? Natürlich meine Frau. Doch sie ist nicht die Schutthalde für meine Seele, Abladeplatz für meine Ängste und Hirngespinste. Gott muß mir helfen. Ihm kann ich allen Sinn und Unsinn vorlegen. Ihn kann ich belasten und um Hilfe bitten, ohne Scheu und Grenzen. Er hat mich so gewollt, wie ich bin. Er weist mir meinen Weg. Er nimmt mich eines Tages zurück“ – welch ein Zeugnis eines Mannes in vorderster Linie unserer Gesellschaft. Das Antworten auf Jesu Ruf beginnt mit diesem kühnen Abgeben aller meiner Lasten in seine Liebe, „ohne Scheu und Grenzen“!

„Verlangt nach dem unverfälschten Wort“ der Schreiber sagt es im Bild – „wie neugeborene Kinder nach der Milch“ (Vers 2). Ich spüre diesem Bild nach und entdecke, daß es hier nicht um eine Verzierung des Alltags geht, sondern um die nackte Existenz. Für ein neugeborenes Kind ist es eine Frage von Leben und Tod, ob es Milch bekommt. So ist es auch keine Frage der Beliebigkeit, wieviel Wort Gottes ich an mich heranlasse oder in mich hineinnehme.

Sie sehen, welch ein wichtiger Ort etwa der Hausbibelkreis in der Gemeinde ist. Wir müssen nach dem Wort verlangen, durch das wir wachsen und gerettet werden! So wird Gemeinde, so wird Jesu Ruf beantwortet: wenn Menschen sich aufmachen – wie der verlorene Sohn – und zum Vater gehen. Dort können wir ablegen und aufatmen, sein Wort der Liebe aufnehmen, in seiner Kraft wachsen und gerettet werden.

2. Die Platzanweisung Jesu annehmen

Unser Text fährt fort mit dem Bild des Bauens: „Erbaut euch als lebendige Steine zum geistlichen Hause und zur heiligen Priesterschaft" (Vers 5).
Wo jemand Jesus eine Antwort gegeben hat und sich ihm mit seinem Leben unterstellt, da gibt er sich in Jesu Hand. Es wird sich ein Platzwechsel vollziehen – um im Bild zu bleiben: Er wird zum lebendigen Baumaterial auf der Baustelle der Gemeinde Jesu. Dabei wird erkennbar: Die Steine laufen nicht aus eigener Kraft auf der Mauer hin und her und suchen sich nach Beliebigkeit ihren Platz. Der Meister selbst nimmt sie in die Hand und weist ihnen ihren Platz zu. Wenn jemand unter uns zur Zeit nach seinem Platz sucht, so möchte ich ihm von Herzen raten, in Geduld darauf zu warten, wohin Jesus ihn stellen will!
Zwei Aspekte sind mir an diesem Geschehen wichtig:

a) Der Baustein ist nur in der Gemeinschaft des Mauerwerks von Bedeutung

Gott hat keine Solisten. Das Miteinander bewirkt Gemeinde. – Theo Sorg, der Bischof der Württembergischen Landeskirche, hat dieses Bild des Bauens einmal etwas ausgeführt und sich näher mit dem „Stein" beschäftigt. Er beschreibt ihn folgendermaßen: Der Stein hat eine Unterkante. Damit liegt er auf den Steinen, die vor ihm im Bau waren. Es ist nur gut, daß die Geschichte der Gemeinde Gottes nicht mit mir anfängt! Ich nehme meinen Platz ein in der Geschichte Gottes mit seiner Gemeinde. Nur weil vor mir Gemeinde war, finde ich meinen Platz. – Der Stein hat Seitenflächen. Ich habe links und rechts Schwestern und Brüder, die mit mir auf dem Weg sind. Erst mit ihnen zusammen erhält das Bauwerk sein Gesicht. Wie gut, daß ich links und rechts getragen bin! – Schließlich hat der Stein auch eine Oberkante. Auf diese Oberkante werden neue Steine gesetzt. Das heißt: Ich will meinen Platz in der Gemeinde so einnehmen, daß die Sache Jesu nach mir weitergeht, und will bereit sein, Verantwortung zu tragen. So will ich also meinen Platz einnehmen in der Gemeinschaft derer, die Jesus liebhaben, denn Gemeinde wird nur im Miteinander.

b) Gemeinde wird nur durch die Treue ihrer Glieder

Viele Mitarbeiterinnen und Mitarbeiter in den Gemeinden sind ständig unzufrieden mit ihrem Platz in der Gemeinde. Sie sind mit ihren Gedanken und Überlegungen immer bei anderen Mitarbeitern. Sie wissen immer, wie es andere – natürlich besser – machen müßten. Nichts zerstört den Bau der Gemeinde Jesu so sehr wie das Verlassen des angestammten und durch Jesus zugewiesenen Platzes.

Darum lädt uns Gottes Wort heute ein zur Treue an dem Ort, an den unser Herr uns weist. Da ist übrigens kein Platz gering, da ist jeder, eben Ihr Platz, ganz wichtig! Ihr Platz ist darum wichtig, weil Sie Jesus wichtig sind.

In seiner Rede von der Haushalterschaft sagt Paulus im 1. Korintherbrief (4,2): „Nun erwartet man nicht mehr von den Haushaltern, als daß sie treu erfunden werden." So wird Gemeinde: daß ich mich hineingebe in die Gemeinschaft derer, die Jesus liebhaben und der gestellten Aufgabe treu bleiben.

3. Die Gegenwart Jesu erleben – Brücken bauen

Nun mag ja jemand denken: Aber ist das nicht alles ein wenig kleinkariert? Ist das alles nicht sehr wenig? Kann ich wirklich nicht mehr bewirken, als meinen kleinen Platz einzunehmen? Was soll eigentlich das Ziel sein, wenn Gemeinde wird? „Erbaut euch als lebendige Steine zum geistlichen Hause und zur heiligen Priesterschaft!“ (Vers 5).
Das „geistliche Haus“ ist ein Ort, an dem Menschen in der Geborgenheit einer Gemeinschaft in den Frieden Gottes finden. Damit das möglich wird, braucht es Menschen wie den Hausmeister, von dem ich eingangs erzählt habe. Durch seine Treue erlebten wir in diesem Haus die Gegenwart Jesu.
Was ist Ihr Platz, damit aus dem Hauskreis Ihrer Gemeinde ein Ort wird, an dem Menschen in der Geborgenheit einer Gemeinschaft in den Frieden Gottes finden?
Heiliges Priestertum: Priester waren diejenigen, die im Volk Gottes Versöhnungsarbeit taten und Brücken bauten. – Kann man das in Ihrer Gemeinde entdecken? Kann man das in Ihrem Hauskreis finden: Priester und Priesterinnen, Männer und Frauen, die an der Arbeit der Versöhnung sind? Wo heute in unserer Welt Brücken zu bauen sind, kann man in jeder Nachrichtensendung erfahren und in jeder Tageszeitung nachlesen. Oder sollte es in Ihrem Ort kein Asylantenheim geben? Oder sollte Ihre Gemeinde keine Partnerbeziehung in die neuen Bundesländer haben?
Wo in einer Gemeinde sichtbar wird, daß Menschen in den Frieden Gottes finden und in dieser Welt der Versöhnung dienen, dort hat Jesus Gestalt angenommen, seine Gegenwart wird erlebt, und Gemeinde ist geworden!

Wir haben gute Post

Da stehe ich zwischen den langen Regalen eines Supermarktes, den Einkaufszettel in der Hand, den meine Frau mir geschrieben hat, und ich versuche mich zurechtzufinden. Eine Dame spricht mich an und fragt nach einer besonderen Spezialität. Ich habe keine Ahnung und sage ihr, daß ich selber suche. Da dreht sie sich etwas enttäuscht ab und sagt im Weggehen: „Schade, ich dachte, Sie wären vom Laden."

Wie ist das eigentlich, wenn Sie mit Ihren Nachbarn, Ihren Arbeitskollegen oder Ihrer Familie auf die Grundfragen des Lebens kommen, und jemand sagt zu Ihnen: „Ach du, du gehst doch immer in die Kirche, du bist doch im Presbyterium, du kennst dich doch mit Gott aus." – Ziehen Sie dann auch verschreckt oder gar verschüchtert die Schultern hoch, schauen erstaunt und erklären, daß Sie ja selber auch suchen? Ihr Gesprächspartner wird nicht mehr fragen. Aber vielleicht denkt er: Schade, ich dachte, er wäre vom Laden.

Wie ist das mit Ihnen als Mitarbeiter oder Mitarbeiterin im Besuchsdienst? Wenn Sie den Gemeindebrief bringen, zum Geburtstag gratulieren oder die neu Zugezogenen besuchen, stellen Sie sich vor: „Mein Name ist Meier, ich komme von Ihrer Kirchengemeinde. Ich möchte Sie besuchen." – Welche Fragen darf man Ihnen als Mitarbeiter der Gemeinde jetzt stellen? Machen wir etwa nur den Eindruck, als wären wir „vom Laden", im Grunde aber suchen wir selber?

Ich möchte mit Ihnen über ein Bildwort des Apostels Paulus nachdenken, das mich ganz unruhig macht, wenn ich es lese.

> Ist doch offenbar geworden, daß ihr ein Brief Christi seid, durch unsern Dienst zubereitet, geschrieben nicht mit Tinte, sondern mit

dem Geist des lebendigen Gottes, nicht auf steinerne Tafeln, sondern auf fleischerne Tafeln, nämlich eure Herzen.

2. Korinther 3,3

Drei Gedanken zu diesem Bildwort:

1. Ein aufregender Vergleich

„Es ist offenbar geworden, daß ihr ein Brief Christi seid."
Ein Brief kommt zustande, wenn jemand eine wichtige Mitteilung hat, die ein anderer Mensch erfahren soll. Er nimmt Papier und Schreibwerkzeug und beginnt zu schreiben. Während er schreibt, hat er zwei Dinge immer vor Augen: Auf der einen Seite ist er ganz beseelt von seiner Nachricht. Die Nachricht, die in ihm brennt, die in ihm arbeitet, die ihn umtreibt, die er einfach seinem Gegenüber mitteilen muß. Auf der anderen Seite sieht er seinen Adressaten. Er ahnt, wie dieser auf bestimmte Worte reagieren wird. Er kann sich genau vorstellen, wie er sich bei besonderen Begriffen verschließt. Er kennt ihn aber auch so gut, daß er weiß, wann er neugierig weiterlesen wird. Der Verfasser des Briefes bemüht sich also, seine gute Nachricht so aufzuschreiben, daß sein Adressat sie versteht. Damit wären die wesentlichsten Merkmale eines Briefes genannt.
Nun sagt der Apostel Paulus den Christen in Korinth auf den Kopf zu: „Ihr seid ein Brief Christi!" Auf der einen Seite ist das ja ein großartiger Zuspruch, eine wunderbare Zusage, ein eindrückliches Bild für das Leben der Gemeinde in Ihrem Ort. Auf der anderen Seite aber werden Sie jetzt verstehen, warum mich dieses Bild aufregt und unruhig macht. Denn wenn unsere Gemeinde ein Brief Christi ist, muß ich mich fragen, was die Menschen in meiner Nähe eigentlich lesen – an uns.
Wenn wir uns heute Gedanken darüber machen, wie wir die Menschen der mittleren Generation erreichen, dann be-

fassen wir uns ja mit denen, die zur Zeit in Scharen unsere Kirche verlassen. Es sind ja nicht etwa die, die uninteressiert wären an den Grundfragen des Lebens. Warum also gehen denn gerade sie? Könnte es sein, daß sie sich nach diesem und jenem Versuch, Antworten auf die Grundfragen ihres Lebens bei uns zu finden, bedauernd abwenden: „Schade, ich dachte, die wären vom Laden, die müßten es doch wissen, die müßten doch eine Antwort haben"?
Daß wir als Gemeinde ein Brief Christi seien, ist in der Tat ein aufregender Vergleich! Wenn uns nun wirklich die Frage bewegt, was Menschen denn „an uns lesen", dann muß es uns zunächst interessieren, wie denn Christus Briefe schreibt.

2. Wenn Christus Briefe schreibt

Das Schreiben des Briefes beginnt mit der guten Nachricht des Heils in Jesus Christus. Die gute Nachricht ist Jesus Christus in Person.
Im Johannesevangelium wird uns erzählt, wie Nikodemus in der Nacht zu Jesus kommt. In jenem seelsorglichen Nachtgespräch wird Nikodemus von Jesus über ein alttestamentliches Bild zu dem Satz geführt, der die gute Nachricht in aller Kürze zusammenfaßt: „So sehr hat Gott die Welt geliebt, daß er seinen eingeborenen Sohn gab, damit alle, die an ihn glauben, nicht verloren werden, sondern das ewige Leben haben" (Johannes 3,16).
Das ist die gute Nachricht schlechthin: daß Jesus das Leben schenkt. Eine bessere Nachricht kann niemandem widerfahren. Aber nun nimmt Jesus nicht einen Bogen Papier zur Hand, um den Brief zu schreiben, sondern er schreibt „in unser Herz", so sagt es Paulus.
Mit dem Herzen ist der Ort gemeint, von dem unser Leben bestimmt wird. Es meint den Platz, von dem die Impulse kommen, die andere an uns und unserem Leben „ablesen

können". In meiner Sprache, in meinem Gehabe, in meinem Verhalten zu anderen Menschen und zu dieser Welt wird erkennbar, wer auf mein Herz geschrieben hat. – Sie merken, daß es gar nicht gleichgültig ist, was ich sozusagen auf mir schreiben lasse; daß es gar nicht gleichgültig ist, welche Bilder ich in mich hineinlasse.
Jesus schreibt seinen Brief in unser Herz, damit in unserem Verhalten, in unserer Sprache, kurz: in unserem ganzen Leben seine gute Nachricht von der Versöhnung erkennbar wird. Es geht um unseren „Lebensstil": Das Wort Stil kommt vom lateinischen *stilus*, der Griffel, und bezeichnet also jenen Holzgriffel, mit dem man auf eine Wachstafel schreibt.
Nun möchte es sein, daß jemand von Ihnen Sorge hat: „Solch einen frömmelnden Lebensstil möchte ich gar nicht haben." Natürlich meint Jesus auch keinen frömmelnden Lebensstil; er möchte doch keinen Menschen, der nur noch gebückt, sozusagen ständig unter dem Teppich hergeht. Das war doch niemals Jesu Art; er lehrte Menschen den aufrechten, mutigen Schritt auf Menschen zu, den Schritt zum Leben.
Wie nun schreibt Jesus? – Sicher nicht mit Kugelschreiber oder anderem Schreibgerät. Jesus schreibt mit der Kraft seines Heiligen Geistes. Das ist die Kraft, in der Gott immer wieder und allemal ganz Neues schafft. Konkret: Ich referiere hier nicht irgendeine fremde Geschichte eines Bildwortes von Paulus, sondern eben jetzt schreibt Jesus seine Nachricht in Ihr Herz. Er tut das, indem es plötzlich jemandem wie Schuppen von den Augen fällt: Das ist ja seine Nachricht der Versöhnung für mich! Es ist meine Versöhnung mit Gott! Ich darf im Frieden mit Gott leben.
So schreibt Jesus immer in die Herzen der Menschen. Als er in das Haus des Zachäus einkehrt, schreibt er sich in dessen Herz. Als Zachäus nach Jesu Besuch wieder auf die Straße geht, können alle lesen, was dieser als Wort der

Versöhnung in sein Herz geschrieben hat. Zachäus geht durch Jericho und macht begangenes Unrecht, soweit er das kann, wieder gut. Er hängt nicht mehr am Geld!
So schreibt Jesus – eben jetzt – seinen Brief an die Welt in Ihr Herz.

3. Wenn Christi Brief ankommt

Wie ist das, wenn ein Brief ankommt? Er muß geöffnet werden, er muß gelesen werden, dann will er verstanden sein.

a) Der Brief muß geöffnet werden
Es gehört zu den gewonnenen Schlachten des Gegners Gottes, daß alle Dinge des Glaubens bei uns in die totale Privatsphäre gerutscht sind. Über Glauben spricht man nicht, den versteckt man besser. Der Gründer von McDonald's soll einmal gesagt haben: „Ich glaube an Gott, an die Familie und an McDonald's. Wenn ich mein Büro betrete, dann kehre ich die Reihenfolge um."
Das geht nicht! Wenn Jesus seine Nachricht der Versöhnung in unser Herz geschrieben hat, dann steht sein Name immer vor allen anderen. Ich brauche mich auch nicht anzustrengen, daß Menschen das entdecken. Ich muß einfach das leben, was er in mein Herz geschrieben hat. Anstrengen muß sich nur der, der seinen Glauben verstecken will.

b) Der Brief muß gelesen werden
Das Lesenlassen des Briefes bedarf der Geduld. Ich muß mich wirklich nicht wundern, wenn jemand nach der kurzen Begegnung eines einmaligen Besuches noch nicht alles gelesen hat. Ich muß mich ihm stellen, meinem Adressaten, vielleicht mehrfach.
Clemens von Alexandrien, der im 3. Jahrhundert lebte, wurde einmal gefragt: „Was tust du mit jemandem, der das

Christsein lernen will?“ Er sagte: „Ich lasse ihn ein Jahr lang in meinem Hause wohnen.“ Zeit, Geduld und viel Ruhe, lesen zu lassen!

c) Der Brief will verstanden sein

Meine Frau und ich haben ein Patenkind in Südindien. Das Mädchen schreibt uns Briefe. Sie sind alle entzückend anzusehen, aber wir können sie nicht lesen und nicht verstehen, weil wir weder die Schrift noch die Sprache kennen. Mit Mühe entziffern wir die englische Übersetzung, die jeweils auf der Rückseite des Briefes steht. Aber auch das ist immer noch nicht unsere Sprache.

Wenn ich mir vorstelle, daß jemand heute in diese Kirche kommt, der noch nie eine Bibel in der Hand gehabt hat und von Gott nichts weiß, frage ich mich, was er eigentlich verstehen könnte. Glauben Sie bitte nicht, solche Leute gäbe es in unserem Land nicht. Sie leben vermehrt unter uns: junge Leute zum Beispiel, die aufgrund der besseren Arbeits- und Verdienstmöglichkeiten aus der ehemaligen DDR zu uns gekommen sind. Einen von ihnen traf ich in einer Veranstaltung zum Jahr mit der Bibel. Ich hatte gesprochen, wie ich immer in Gemeinden spreche. Im Tischgespräch erfahre ich, daß er vieles nicht verstanden hatte. Als er seine Geschichte erzählt, fange ich an zu begreifen. Achtundzwanzig Jahre in der ehemaligen DDR gelebt. Nie eine Bibel in der Hand gehabt, nie an einem Gottesdienst teilgenommen, nie mit einem Christen gesprochen. Jetzt fragt er, was die Bibel sei, was denn beten sei, wer denn Gott sei.

Was nützt der beste Brief, wenn er nicht verstanden wird? Was kann ich dafür tun, daß er verstanden wird?

Ich will mir sehr viel Zeit nehmen, mich Jesus auszusetzen, daß er auf mir schreibe, mein Reden und mein Leben mit der Kraft seines Heiligen Geistes so verändere, daß sein Ziel, daß sein Name in meinem Leben ganz neu zum

Leuchten kommt, daß es so werde, wie es in jenem alten Lied von Gerhard Tersteegen heißt: „Im Wort, im Werk und allem Wesen sei Jesus und sonst nichts zu lesen."

SIEBEN
Schritte über den Tod

Aus seiner Hand – in seine Hand

Vor einiger Zeit hörte ich, wie ein Pfarrer das Geschehen um das Kreuz jungen Leuten klarmachen wollte. Er gebrauchte einen ungewöhnlichen Vergleich, den die Jugendlichen aber sofort verstanden. Er sagte: „Du warst doch sicher schon einmal in einer Kneipe und hast mit Freunden getrunken. Da macht jeder seinen Deckel. Für jedes Getränk gibt es einen Strich – die Liste deiner Schulden, nach der der Kellner am Ende kassiert. Eines Abends passiert etwas ganz Ungewöhnliches. Ein guter Bekannter kommt herein und ruft: ‚Alle Deckel auf meinen Namen!'"
Das kannten die jungen Leute, und nun verließ der Pfarrer das Bild und sagte: „So wie in der Kneipe macht jeder in seinem Leben seinen Deckel, auf dem festgehalten wird, was wir schuldig bleiben: Lieblosigkeit, Gemeinheiten, Bosheiten, Verletzungen, Beleidigungen Gottes... Ach, du weißt schon: die Dinge, über die man nicht redet und gern versteckt, die aber dir und anderen weh tun. Dinge, mit denen du vor allen Dingen Gott verletzt hast. Es kommt ein Tag in der Geschichte dieser Welt, da legt Gott alle Deckel auf die Theke. Dann ist Zahltag! Da werden wir alle unsere Deckel sehen: du deinen und ich meinen. Dieser Tag muß

schlimm werden, denn wer kann die Scherben, die Schulden alle bezahlen? Und dann? – Dann kommt Jesus und sagt: ‚Alles geht auf meinen Namen!‘ Und er sammelt die Deckel ein, denn er hat bezahlt und du hast geglaubt! Das ist am Kreuz geschehen!“

Wer an ihn glaubt, wer heute sein ewiges Mißtrauen gegen Gott beendet und ihm Vertrauen schenkt, der hat das Leben – heute schon!

Ich möchte mit Ihnen genauer hinschauen, wie Jesus für uns bezahlt hat. Die Evangelisten der Bibel erzählen nichts so ausführlich wie die Leidensgeschichte Jesu. Wir wollen hier einmal vor allem dem Evangelisten Lukas Gehör schenken. Lukas ist von den vier Evangelisten derjenige, der ein besonderes Herz hat für die, die am Rande stehen, die Armen. Er ist der einzige, der davon erzählt, daß die ersten, die von der Geburt des Retters hörten, Hirten waren. Gerade die Hirten, die ja immer „draußen“ waren, sind nach Lukas auch die ersten, die auf dem Rückweg von Bethlehem die gute Nachricht vom Kommen des Retters ausbreiten.

Lukas ist der einzige unter den Evangelisten, der das Gleichnis vom verlorenen Sohn erzählt. Es ist Lukas besonders wichtig, daß die Liebe des Vaters ganz und gar ungebrochen bleibt.

Diesem Lukas hören wir heute zu.

> Es wurden aber auch andere hingeführt, zwei Übeltäter, daß sie mit ihm hingerichtet würden. Und sie kamen an die Stätte, die da heißt Schädelstätte, kreuzigten ihn dort und die Übeltäter mit ihm, einen zur Rechten und einen zur Linken. Jesus aber sprach: Vater, vergib ihnen; denn sie wissen nicht, was sie tun! Und sie verteilten seine Kleider und warfen das Los darum.
>
> Und das Volk stand da und sah zu. Aber die Oberen spotteten und sprachen: Er hat anderen geholfen; er helfe sich selber, ist er der Christus, der Auserwählte Gottes. Es verspotteten ihn auch die

Soldaten, traten herzu und brachten ihm Essig und sprachen: Bist du der Juden König, so hilf dir selber!
Es war aber über ihm eine Aufschrift: Dies ist der Juden König.
Aber einer der Übeltäter, die am Kreuz hingen, lästerte ihn und sprach: Bist du nicht der Christus? Hilf dir selbst und uns! Da wies ihn der andere zurecht und sprach: Und du fürchtest dich auch nicht vor Gott, der du doch in gleicher Verdammnis bist? Wir sind es zwar mit Recht, denn wir empfangen, was unsere Taten verdienen; dieser aber hat nichts Unrechtes getan. Und er sprach: Jesus, gedenke an mich, wenn du in dein Reich kommst! Und Jesus sprach zu ihm: Wahrlich, ich sage dir: Heute wirst du mit mir im Paradies sein.
Und es war schon die sechste Stunde, und es kam eine Finsternis über das ganze Land bis zur neunten Stunde, und die Sonne verlor ihren Schein, und der Vorhang des Tempels riß mitten entzwei. Und Jesus rief laut: Vater, ich befehle meinen Geist in deine Hände! Und als er das gesagt hatte, verschied er.
Als aber der Hauptmann sah, was da geschah, pries er Gott und sprach: Fürwahr, dieser ist ein frommer Mensch gewesen! Und als alles Volk, das dabei war und zuschaute, sah, was da geschah, schlugen sie sich an ihre Brust und kehrten wieder um. Es standen aber alle seine Bekannten von ferne, auch die Frauen, die ihm aus Galiläa nachgefolgt waren, und sahen das alles.

Lukas 23,32-49

Lukas überliefert uns drei Worte Jesu am Kreuz.

1. „Vater, vergib ihnen; denn sie wissen nicht, was sie tun!“

Jesus wird nach römischem Recht zu Tode gebracht, gekreuzigt. Da man gerade dabei ist, werden gleich noch zwei weitere Todeskandidaten hingerichtet. Der Kreuzigungstod ist eine der gemeinsten Todesstrafen. Der Verurteilte stirbt einen langsamen und qualvollen Erstickungstod: Um in seiner Haltung noch Luft zu bekommen, muß er bei jedem Atemzug sein eigenes Körpergewicht emporziehen. Das tut er so lange, bis ihm die Kräfte ausgehen.
Die vielen, die Jesus im Leben zugetan waren, sind alle verschwunden, selbst der engste Freundeskreis. Seine Bekann-

ten, sagt Lukas, stehen von ferne. Nur die, die Jesus immer schon gehaßt haben, trauen sich heran und machen sich über ihn, den Sterbenden, lustig. Es ist auch einfach, einen Wehrlosen zu beschimpfen. Er kann ja nicht vom Kreuz.

Dann sagt es der sterbende Jesus, schwer atmend, keuchend, aber so laut, daß es alle hören können. Er sagt es über alle, die seinen konsequenten Weg der Gewaltlosigkeit und der ganzen Zuwendung zum Menschen nicht verstehen: „Vater, vergib ihnen, denn sie wissen nicht, was sie tun." Noch im Sterben spricht er über niemanden ein Verdammungsurteil, sondern öffnet die Tür für die Irregeleiteten. Er vergibt seinen Feinden!

Was geschieht da eigentlich? Hören wir genau hin und schauen auf uns selbst, die wir ihn verletzt haben, manchmal – wie Petrus – im Eifer des Gefechtes. Petrus wollte nur noch bei Jesus bleiben und ihm nahe sein, auch in der Stunde seines Prozesses, Leidens und Sterbens. Plötzlich entdeckt er: Ich habe ihn verleugnet, dreimal unter Eid: „Ich kenne ihn nicht!" Wie oft haben wir Jesus verletzt, im Eifer des Gefechtes!

Manchmal haben wir ihn auch wissentlich – geplant, überlegt, bezahlt – verletzt: wie Judas, der weiß, daß er ihn ans Messer liefert. Wie oft haben wir Jesus ganz bewußt, im Wissen, daß wir Falsches tun, ins Angesicht verletzt, so daß er allen Grund haben könnte, uns zu verstoßen? Aber er hält seine Hand über Sie und mich und sagt: „Vater, vergib ihnen! Vergib denen, die mich so geschlagen haben."

„Ich, ich und meine Wunden,
die sich wie Körnlein finden
des Sandes an dem Meer,
die haben dir erreget
das Elend, das dich schläget,
und das betrübte Marterheer."

Paul Gerhardt, EKG 64,4

Was heißt das für unsere Nachfolge?
Bitte schauen Sie doch einmal in Ihr eigenes Herz, wie viele Verletzungen Sie da zum Teil seit Jahren mit sich herumschleppen, Verletzungen, die Menschen Ihnen zugefügt haben, die an Ihnen schuldig geworden sind. Zahlreiche Verletzungen geschahen im Eifer des Gefechtes. Vielleicht hat der, der an Ihnen schuldig wurde, es noch nicht einmal gemerkt, daß er Sie verletzt hat. Aber die Verletzungen schmerzen bis zum heutigen Tag.
Andere Verletzungen sind Ihnen wissentlich zugefügt worden, und Sie haben sie über Jahre hinweg im Verborgenen gehalten und nicht losgelassen. Manche stammen vielleicht aus ganz frühen Jugendtagen, Verletzungen durch Vater und Mutter; durch liebe Menschen, Ehepartner, Freunde, Freundinnen; Verletzungen unter Mitarbeiterinnen und Mitarbeitern.
Sie könnten heute in der Stille zum ersten Mal diese Namen vor Jesus aussprechen und hinzufügen: „Vater, ich vergebe ihnen, wie du mir vergeben hast."
Es wäre eine echte Konsequenz für unsere Nachfolge, wenn wir so den Satz Jesu am Kreuz ernst nehmen: „Vater, vergib ihnen, denn sie wissen nicht, was sie tun."

2. „Heute wirst du mit mir im Paradies sein."

Eine seltsam unwirkliche Situation. Drei hängen an ihren Kreuzen. Auf ihren Tod kann man warten. Da beginnt einer der Hingerichteten mit einzustimmen in die Angriffe auf Jesus. Seinen ganzen Zorn über sein schmähliches Ende setzt er um in Aggressionen: „Bist du nicht der Christus? Dann hilf dir selbst und uns!"
Der andere weist seinen Kumpanen zurecht. Mag der erste seine Verzweiflung in Zorn umgesetzt haben, so wendet sich nun der zweite wie in einer letzten Chance mit seiner

tiefen Sterbens- und Todesangst an Jesus: „Denk an mich, wenn du in dein Reich kommst."
Jetzt werden wir Zeuge eines Geschehens, das das Gleichnis vom verlorenen Sohn wie im Bilderbuch umsetzt und die Liebe des Vaters deutlich macht. In jenem Gleichnis kommt der Sohn nach Hause und weiß sehr genau: Sohn werde ich nicht mehr sein. Darum macht er sich ein Bekenntnis zurecht: „Ich bin nicht wert, daß ich dein Sohn heiße, aber laß mich einer deiner Tagelöhner sein." Der Vater aber nimmt den heruntergekommenen Sohn fest in den Arm und gibt ihm das Zeichen der Liebe: den väterlichen Kuß. Er richtet ihn auf und läßt ihn, der alles verdorben hat, Sohn sein. Der Vater läßt seine Kinder nicht ins Bodenlose fallen.
Und auf Golgatha? Der Verbrecher weiß genau: In den Himmel werde ich nicht kommen. Aber er möchte, daß Jesus an ihn denkt, wenn er in sein Reich kommt. Und Jesus tut das, was er von der Liebe Gottes im Gleichnis erzählt hat: er wendet sich ihm in väterlicher Liebe zu. In den Arm nehmen kann er ihn nicht, denn diese Arme sind festgenagelt. Aber sagen kann er es: „Heute wirst du mit mir im Paradies sein." Das heißt: Du sollst Gott in aller Reinheit schauen, mit mir. Sohn sollst du sein!
Was hat Jesus da eigentlich getan?
Er nimmt ihm seine Last ab. – *Sie* werden von der Last Ihres Lebens befreit!
Er reicht ihm, der zu versinken droht, die Hand: „Heute mit mir!" – *Sie* nimmt er bei der Hand und sagt es Ihnen zu: „Ich gehe mit dir!"
Er öffnet dem Verlorenen die Tür zu einer lebendigen Hoffnung. Er darf nach Hause kommen und Sohn sein. – *Ihnen* macht Jesus die Tür zur Hoffnung auf!

„Durch dein Gefängnis, Gottes Sohn,
ist uns die Freiheit kommen.

Dein Kerker ist der Gnadenthron,
die Freistadt aller Frommen.
Und ging'st du nicht die Knechtschaft ein,
müßt meine Knechtschaft ewig sein!"

Aus der Johannespassion, Choral Nr. 40

Für unsere Nachfolge heißt das:
Wir können anderen zwar nicht die Last abnehmen und Sünden vergeben, das kann nur Jesus allein. Aber wir können anderen tragen helfen.
Wir können ihnen im Namen Jesu die Hand reichen und mit ihnen gehen.
Wir können ihnen die Tür zur Hoffnung aufstoßen und sagen, daß da einer ist, der schon alles bezahlt hat. Wir dürfen seinen Namen nicht verschweigen, weil niemand sonst die Tür zum Leben aufstößt.
Das ist die Konsequenz der Nachfolge aus dem Satz: „Heute wirst du mit mir im Paradies sein."

3. „Vater, ich befehle meinen Geist in deine Hände!"

Mit diesem Wort nimmt uns Lukas hinein in eine ungemein persönliche Situation. Wir werden Zeugen der allerletzten Stunde Jesu. Jetzt ist sein Werk auf der Erde getan. Noch einmal hat er im Sterben die wichtigsten Akzente seines Auftrages gesetzt: Vergebung zu leben, auch den Feinden gegenüber; die Tür zur Hoffnung weit aufzustoßen, auch noch in letzter Minute.
Nun stirbt er, denn er muß durch diese enge Tür, durch die jeder von uns auch allein gehen wird. Er muß dort hindurch, damit es für uns einen Ausweg gibt.
Was tut er in seinem Sterben? Er gibt sich ganz und gar in Gottes Hände. Nichts hält er bei sich. Er wirft sozusagen sein Herz voraus, denn alles andere ist getan und wohl geordnet.

„Nun wohlan, ich tue
in vergnügter Ruhe meine Augen zu.
Seele, Leib und Leben
hab ich dir ergeben, treuer Hüter du.
Gute Nacht! Nimm mich in acht;
und erleb ich je den Morgen,
wirst du weiter sorgen.“

Benjamin Schmolck, Gesangbuch der Brüdergemeine 929,6

„Vater, in deine Hände befehle ich meinen Geist!“ – Noch einmal fragen wir: Was kann dies Wort Jesu am Kreuz für unsere Nachfolge bedeuten?

Jemand hat gesagt: Erst der lebt richtig, der für sich das Leben einmal bis zum Sterben durchdacht hat. Nun reden wir nicht gerne vom Sterben. Besonders dann nicht, wenn wir jung sind. Aber würde nicht manches realistischer, wenn wir uns einmal dem Gedanken stellen wollten, wie wir sterben werden? Zu Hause im Bett, auf der Straße, zwischen vielen Geräten auf der Intensivstation... – ich weiß es nicht. Doch wie will ich sterben? Das wenigstens will ich bis zu Ende denken. Ich möchte es heute für mich persönlich sagen:

Wenn Gott will, daß ich gehen muß, möchte ich sterben wie mein Herr; ich möchte mich mit wachen Sinnen ganz und gar Gott überlassen, sozusagen mein Herz schon vorauswerfen, weil alles andere geklärt ist. Wenn es dann soweit ist, kann ich beruhigt dort hingehen, weil Jesus da schon ist. Er hat es mir heute zugesagt.

Solch eine Freude

Den Abschluß dieses kleinen Glaubenskurses bildet die nun folgende Dialogpredigt. Im Rahmen unserer „sieben Schritte“ liegt ihr besonderer Akzent auf der Bedeutung des Gespräches, der Weitergabe von Glaubenserfahrungen, weshalb ihre Form hier beibehalten wurde. Sie wird gehalten von Marta (M) und einem Prediger (P).

P: Die biblische Geschichte, über die wir nachdenken wollen, ist sehr dramatisch. Ich möchte Ihnen hier nur den Schluß vorlesen:

> Jesus spricht zu Marta: Ich bin die Auferstehung und das Leben. Wer an mich glaubt, der wird leben, auch wenn er stirbt; und wer da lebt und glaubt an mich, der wird nimmermehr sterben. Glaubst du das? Sie spricht zu ihm: Ja, Herr, ich glaube, daß du der Christus bist, der Sohn Gottes, der in die Welt gekommen ist. Und als sie das gesagt hatte, ging sie hin und rief ihre Schwester Maria heimlich und sprach zu ihr: Der Meister ist da und ruft dich.
>
> Johannes 11,25-28

Heute ist Marta zu uns gekommen. Marta, warum kommen Sie ausgerechnet heute abend zu uns?

M: Ach, das ist ganz einfach. Ich komme zu Ihnen, weil ich eine Frau bin, die erlebt hat, daß sie jemand in tiefem Leid getragen hat. – Nein, nein, das ist zu wenig. Er hat mich nicht nur getragen, er hat mich aus der tiefsten Traurigkeit meines Lebens herausgeholt!

P: Wer „er“? – Was heißt „herausgeholt“? Und überhaupt: Sie reden über eine große Traurigkeit mit solch einer Freude, daß ich das gar nicht verstehen kann. Das klingt mir alles viel zu einfach!

M: Heute klingt das wohl alles einfach für Sie. Aber so einfach war das am Anfang nicht. So fröhlich wie heute war ich nicht immer. Es fing alles mit einer Riesenenttäuschung an. Das war so:
Wir sind drei Geschwister: Maria, Lazarus und ich. Wir sind alle unverheiratet. Wir betreiben eine kleine Landwirtschaft. Wir haben ein offenes Haus, haben viele Freunde, langweilig wird es bei uns nie!
Damals wurde Lazarus schrecklich krank. Bald lag er, kaum ansprechbar, mit hohem Fieber im Bett. Der Arzt wußte sich keinen Rat. Seltsam, das alles machte uns überhaupt keine Angst, denn zu unseren Freunden gehörten Jesus und seine Jünger. Ich hatte großes Vertrauen zu ihm. Ich hörte von Leuten aus dem Dorf, daß er ganz in der Nähe sei. Da habe ich zu ihm geschickt und ihm sagen lassen, daß Lazarus so krank sei. Ich habe ihn gebeten, doch bald zu kommen und über ihm zu beten. Ich weiß, daß er die Nachricht erhalten hat, denn der Bote kam zurück. Aber er brachte keinen Gruß mit, keine Nachricht, einfach nichts. Vier Tage hörten wir nichts! Und Lazarus starb, ohne daß ich auch nur ein Wort von Jesus gehört hätte. Können Sie verstehen, wie tief enttäuscht ich war von diesem Jesus?

P: Ich kann Sie gut verstehen, Marta. Wie habe ich damals gebetet, als ich hörte, mein Vater läge im Sterben. Als ich schließlich nach längerer Fahrt ins Krankenhaus kam, empfing mich die Stationsschwester mit dem Satz: „Sie kommen zu spät."
Sicher gibt es viele Menschen, die ähnliche Geschichten erzählen können. Deshalb kann ich auch gut verstehen, daß jemand enttäuscht ist, wenn Gott schweigt. Aber wie haben Sie das alles verarbeitet? Wie können Sie jetzt so fröhlich sein?

M: Ich muß Ihnen das erzählen: Lazarus war vier Tage beerdigt. Nach der Beerdigung also, als nichts mehr zu machen war, da kam er.

P: Er kam doch noch? Und was hat er zu seiner Entschuldigung gesagt?

M: Nichts hat er gesagt! Ich habe ihn erst gar nicht zu Wort kommen lassen. Ich habe gesprochen, und ich habe ihn nicht geschont. Ich habe es ihm ins Gesicht gesagt: „Wo warst du? Warum hast du nicht geantwortet? Wärst du hier gewesen, hätte Lazarus nicht sterben müssen!“

P: Das haben Sie wirklich zu Jesus gesagt? So haben Sie mit ihm gesprochen?

M: Haben Sie vielleicht nicht so mit ihm gesprochen, als Ihr Vater starb? Wer will denn schon sein Liebstes hergeben? Was hatten wir denn jetzt noch, meine Schwester und ich? Das Grab? Da konnten wir hingehen, da konnten wir Blumen hinbringen, aber Lazarus – Lazarus war tot. Und damit wurde ich überhaupt nicht fertig.
Schweigend stand Jesus damals vor mir. Ich hatte ihn nicht geschont. Er tat mir leid. So sagte ich: „Ich weiß aber auch: was du von Gott bittest, das wird er dir geben!“ Aber das kam nicht aus dem Herzen. In mir war es ganz leer.

P: Und Jesus, sagte der immer noch nichts?

M: Doch. Er sagte doch tatsächlich zu mir: Dein Bruder wird auferstehen.

P: Ja, den Satz kenne ich, Marta. Solche Sätze hat der Pfarrer damals bei der Beerdigung meines Vaters auch gesagt. Als gute Protestanten haben wir das ja auch einmal gelernt.

Das vergißt man nicht. Aber das Grab, das Grab ist trotzdem da! Marta, mit dem Grab bin ich eigentlich nie fertig geworden. Man kommt über das Grab nicht hinweg.

M: Eben! Und darum habe ich sehr traurig gesagt: „Ich weiß: Irgendwann am Ende der Tage wird er wohl auch auferstehen."

P: Aber jetzt sieht es doch so aus, als seien Sie nicht mehr traurig. Was hat sich denn eigentlich bei Ihnen verändert? Man kommt doch über das Grab nicht hinweg.

M: Halt! – Doch! – Man kann zurechtkommen. Ach, was sage ich – Jesus kann alles ändern, wirklich! Meinen Sie, sonst käme ich jetzt hierher zu Ihnen und würde Ihnen sagen: „Der Meister ist da, er ruft dich"?

P: Aber Marta, was kann Jesus denn ändern, wenn das Grab zu ist? Hätte ich doch ein Fünkchen Ihrer Hoffnung!

M: Hören Sie, genau darum geht es, daß ich Ihnen ein Fünkchen meiner Hoffnung bringen möchte. Bei mir hat das so angefangen:
Ich hatte Jesus mein ganzes frommes Wissen gesagt. Aber er schien zu merken, daß das aus meinem Kopf kam, aber nicht aus dem Herzen. Denn da war alles ganz leer. Und ich sehe es noch wie heute: Da stand er vor mir. Jetzt schaute er mich an. Und ich merkte mit einem Schlag: Jetzt geht es nicht mehr um Lazarus, nicht mehr ums Grab, jetzt geht es ganz allein um dich, um dein leeres Herz.

P: Und was hat er gesagt?

M: Er sagte: „Ich bin die Auferstehung und das Leben. Wer an mich glaubt, der wird leben, auch wenn er stirbt;

und wer da lebt und glaubt an mich, der wird nimmermehr sterben. Glaubst du das?"
Eine ganze Weile haben wir uns schweigend angesehen. Und dann habe ich ihm gesagt: „Ja, ich glaube, daß du der bist, der mich durch die dunkle Wand des Todes ins Leben bringt, der mir Vertrauen und Hoffnung schenken kann, wenn ich nur Dunkel sehe. Du bist der, der den Menschen Gottes Heil bringt."

P: Marta! Und das ist so? Und das glauben Sie wirklich?

M: Ich habe es erlebt und glaube, daß es stimmt. Ich lebe davon, daß ich Jesus ganz und gar vertraue. Wie könnte ich anders, wo er doch bis in die dunkelste Stunde und Traurigkeit mir nachgegangen ist und mich nicht allein gelassen hat. Wirklich, er ist das Leben! Übrigens, Lazarus ist damals tatsächlich noch einmal aus dem Grab gekommen. Jesus hat ihn uns noch einmal für eine Weile geschenkt, obwohl das nach diesem Gespräch eigentlich gar nicht mehr nötig war. Denn wir waren hindurch, Maria und ich.
Ach – das habe ich noch gar nicht erzählt. Nachdem Jesus mir das Herz mit Hoffnung erfüllt hat, da habe ich ihn einfach vor dem Dorf stehenlassen und bin in unser Haus gerannt. Da war ein unglaubliches Spektakel, denn die Frauen aus dem Dorf waren alle da und hielten noch die Trauer mit uns. Das ging bei uns mit lautem Geschrei und Heulen. Ich drängte mich dort hindurch zu Maria und hatte nur einen Satz: „Maria, der Meister ist da und ruft dich." Sie ist sofort aufgestanden und zu ihm gegangen. Und sie kam ganz verändert wieder: froh, denn Jesus hatte ihr die Traurigkeit genommen.
Wirklich! Wenn es eine Hoffnung gibt, die durch das Leid trägt, die durchhält, wenn wir nicht mehr jung, gesund und leistungsfähig sind, die noch durchträgt, wenn wir von Menschen enttäuscht sind oder wenn uns Schuld quält oder

wir den Sinn unseres Lebens verloren haben, dann kann sie nicht aus uns selbst kommen. Jesus Christus schenkt uns Hoffnung, er öffnet uns die Tür zu Gott. Wer sich mit ihm verbindet, wer anfängt, ihm zu vertrauen, der wird leben, sogar durch den Tod hindurch. Heute ist er immer noch lebendig, denn er ist auferstanden. Und wir dürfen kommen, auch mit unserer Unfähigkeit zu glauben.
Verstehen Sie jetzt, warum ich gekommen bin? Es gibt nur einen Grund. Ich sage Ihnen, was ich Maria gesagt habe: „Der Meister ist da und ruft dich!"